凹《へこ》んだときに読みたい！

営業の極意

この取り組みで今日から変わる

―行動、習慣、ブランディングセールス―

杉本　譲　著

はじめに

コーヒーの杉本が営業の話をします！

コーヒー業界では、どこに行っても、ＵＣＣの杉本を知らない人はいないと思います。そんな私が本を出すと言うと、コーヒーの本を書くのではないかと思われるでしょうが、さにあらん、「営業の極意」です。と言っても、営業の理論やセールステクニックの話をするつもりもありません。

若い営業職の皆さんが、思うような成果が上がらずに凹みそうになった時に、この本を読んで、「さぁ、やるぞ！」「やってみよう！」とチャレンジする勇気とやる気を出していただけたら嬉しいです。すぐに結果をだせる対処療法ではありません。外科的治療というより漢方薬です。でも、きっと読んで良かった、実践して良かったと思っていただけると思います。

今まで私が出会った人たちは、殆どの方が私のことを、マーケティングの専門家だと思っているのではないでしょうか。確かに、長くマーケティング部門を担当していましたし、缶コーヒーブラック無糖などのメガヒット商品も開発しましたから、そのイメージが強くあると思います。

実は、サラリーマン生活41年の後半20年近く、私は営業をしていました。でも、そうはいっても現場（取引先を担当する）営業は、新入社員の頃だけでした。それが、いきなり営業の責任者。指揮官から始まった営業人生でしたが、その頃に出会った取引先の皆さんは私を根っからの営業マンだと思われていたようです。

もちろん、マーケティングは不得意の分野ではありません。しかし今、従来のマーケティング手法では全く通じなくなってきています。マーケティングよりもブランディングという考えが、とても大切になってきています。広告というよりも広報が重要だと言い換えても良いと思います。

例えば、同じ品質・同じ価格で、ブランドの違う（A・B・C）の3つの商品が売られていたとします。消費者が選ぶのは、A・B・Cのどれでしょう？どの商品を手に取り買い物カゴに入れるのでしょうか？　一番、コマーシャルを見る商品でしょうか？　そうではありませんよね。品質と価格は同じ条件ですから、自分の「一番好きな商品、一番好きなブランド、一番好きな会社」の商品を選んで買い物カゴにいれるでしょうね。これが(消費者の)ブランディングです。

ＢｔｏＢでも同じなのではないでしょうか？

品質と価格が同じ条件なら、「この会社と取引をしたい。」「この会社の商品を使いたい。」もっと言えば、価格も条件も高いけど「この会社の商品をぜひ使いたい。」「この会社と取り組んでいきたい。」と思って頂けるような営業をしていくことが、営業マンによって行っていくブランディング（セールス）です。

1社でも多くの取引先に自社の機能や価値を、自社の事業や製品を通じてしっかり伝え、理解と共感を得て、自社のブランド価値を高めていく…。つまり、「コーヒーなら、やっぱりＵＣＣがいいね」と思って頂けるような営業活動をしていく。ファン創りをしていく、これが私の提唱する「ブランディングセールス」です。それができてくると、安易な価格競争やバカげた条件競争に巻き込まれないようになります。

企業活動は結果がすべてですから、営業に課せられた数値やノルマを達成することは当たり前のことです。

でも、多くの営業マンは今月の予算・今月のノルマを達成する事に四苦八苦しているのが実態ではないでしょうか。今月の数字だけを追いかけるから、価格と条件だけの受注活動が主の「取引営業」になってしまっているように思います。だから、取引先からの法外無茶な要求にも妥協せざるを得なくなってしまうのです。

また、取引先に言われたことを言われた通りに対応することが、営業の仕事だと誤解している営業マンもいるのではないでしょうか。これは、ただ受け身の「御用聞き営業」ですよね。

今月の予算・今月のノルマだけを追いかける営業スタイルは、ブランディングどころか、正当に確保すべき収益も得られなくなっていきます。当然、会社として新たな市場や需要を創造する為の投資も鈍ることとなり、社員への配分も出来ない状況にも陥っていきます。

「取引営業」や「御用聞き営業」に未来はありません。いち早く、この営業スタイルから抜け出して「数字は追いかけるものではない、営業活動の結果である」という考え方に切り替えて、取引先とより良い関係を築いて結果を出していく——。

そんな「協働的な取組営業」（ブランディングセールス）に転換させませんか？

「取組営業」という言葉を、よく耳にすると思います。しかし、それは「取り組みたいと思っている」営業をしているだけで〝片思い〟の営業ですね。これを〝取り組んでいる〟と誤解しているのではないかと思います。

ここでは、営業職に就いて間もない若い営業の皆さんがブランディングセールスを実践していただく為に、その土台となる考え方や行動・習慣について、主に〝B to B〟を想定して書いていきたいと思います。

実は、私自身のサラリーマン生活は、成功体験よりも、むしろ失敗体験の方が多かったといえます。商品開発では新たな市場を創造するほどのヒット商品も開発しましたが、大半の開発商品は発売する時代が早すぎた？　時期尚早感が強く、大量の在庫処分を余儀なくされたことも、1度や2度ではありません。

私が開発した新業態店舗では赤字続きで、やむなくその展開を断念したこともありました。営業部門でも、私の指導力不足から多額の不良債権を発生させたこともあります。会社に与えた損害額は小さくありません。

でも、こんな失敗続きの体験をしたからこそ、独自の営業哲学を会得できたのではないかと思っています。

営業職は、会社のどの部門よりも多くの人に出会える機会に恵まれた仕事です。出会う人、出会える人とのご縁を大切にしながら、より大きな成果、より大きな結果を生み出してほしいと思います。そして、何よりも〝人として〟大きく育っていってほしいと思っています。

学校を出たばかりの新入社員の殆どは、まず営業部門に配属されるでしょう。そういう若い人たちに向けての応援歌として、さらに、結果を出せずに苦しんでいる営業職の皆さん、営業社員の育成に悩んでいる営業管理職の皆さんにも、ぜひこの「凹んだ時に読みたい！営業の極意」を読んでいただきたいと思います。

営業に対する考え方、行動と習慣を自ら変革し、ブランディングセールスを実践してください。「取引先からの満足度NO・1、しかも圧倒的なNO・1」「ONLY1」を目指してください。

そして、〝結果を出せる・残せる営業〟として、あなたの営業人生を〝活き活きと輝く〟人生にしていくお手伝いができれば幸いです。

目次

第3章 自分の営業スタイルを向上させる心得

「できる!・営業マン」に共通することがあります

ブランディングセールスは、共感や信頼など顧客にとっての価値を高めていく「ブランディング」と営業「セールス」と組み合わせて創った私の造語です。私は買う立場も売る立場もともに経験してきました。そして、営業の現場で多くの営業マンや営業幹部を観てきました。他社の営業マンや営業幹部、業界の違う会社の営業マンや営業幹部にも接してきました。

私の結論です。「できる!・営業マン」〔できる!・営業幹部〕には共通点が多いということです、それは、〃できる営業は、ブランディングセールスを必ず実践している。〃これ、私の確信です。

ブランディングセールスを実践できる営業マンは、勤める会社を変わったとしても、社内で職種や部門を異動しても必ず成果を上げます。これも私の確信です。

第6章は営業幹部を意識して書きましたので、少し、あなたには当て嵌まらないかもしれませんが、将来、役に立つことですから第1章から続けて読んでみて下さい。

Column

ちょっとコーヒーブレイク①

コーヒーの2大伝説

コーヒーの起源に関して2つの伝説がありま す。一つは、6世紀頃、現在のエチオピアのアビシニア高原の羊飼い「カルディ」が興奮している羊が食べている赤い実を食べてみたところ、カルディの気分は浮かれ踊り始めたという伝説。その後、コーヒーの実の果汁を醸造した酒「カーファ」に姿を変えて定着していきます。この「カーファ」が現在の「コーヒー」の語源です。

二つ目のコーヒー伝説は、13世紀頃の話です。イスラムの僧侶シェークス・オマールが巡礼の途中、アラビア半島西南端（現在のイエメン／モカ・マタリと呼ばれるコーヒーの原産地）で、小鳥がついばむ赤い実がありました。この赤い実を食べてみたら、疲れがとれて、なんとも言えず気分爽快になり、とても元気になったという話です

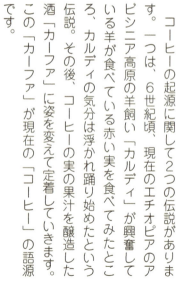

第1章　今日からできるやる気カムバック

〈コラムについて〉

各章の末尾には、「コーヒーの杉本」らしく、コーヒーブレイクの話題をいれました。営業の話を集中して読んでいただいたら、ぜひ、コーヒーに関するこぼれ話『ちょっとコーヒーブレイク』をお楽しみください。

イヤな相手こそ、詳しくチェック

皆さんは、営業していて、どうもこの担当者や、この社長は苦手だなあ、と思う相手がいるのではないでしょうか。そういう人と会うことが続くと、だんだん営業がイヤになって凹んでくるのだと思います。

そこで、自分が担当している会社の生い立ちや歴史、社名の由来などに興味をもって、調べてみることをおススメします。とくに、苦手な会社から、まず始めてみましょう。

とくに注目したいのは、企業理念。その企業が目指しているものですから、関心をもって頭に入れておくことが大切です。

担当の相手だけでなく、主要な人物の出身地や誕生日、略歴、人となり、家族のこともさりげなく知っておくといいでしょう。どんな生活をしているのか、趣味なども把握しておきましょう。自分のことに関心を持ってくれている人がいるのは、悪い気はしないものです。自分がしてもらったら嬉しいと思うようなことを考えてください。

取引先ごとにリストにすることをおススメします。企業の理念や業容、最近の業績、それから担当者を含めて、氏名、役職、人となり（見た目の印象、出身地、年齢、趣味志向、家族、信条、交友関係など）を一覧表にすると便利です。私は韓国に駐在していた事がありますが、出会う人出会う人、同じ名字で誰が誰やらわからなくなりました。それから取引先のリスト化を始めました。

面談するたびに新しい情報や知らなかった事を知る事があると思います。その都度、こまめにメンテナンスすることが大切です。故郷が一緒だったり、学校の先輩だったり、後輩だったり、共通の友人が居たり、これもご縁です。第一、自分に興味を持ってくれる人を嫌う人はいないと思います。

企業には「周年」という企業の誕生日があります。彼氏彼女の誕生日に「お誕生日おめでとう」と花束やプレゼントを抱えてお祝いの言葉を伝えますよね。企業の誕生日も同じです。お祝いの言葉は必要ですね。

また、実名入りの組織図を、自分なりに作ってみることをススメます。リスト化していくのが最も整理しやすい方法です。これは、少なくとも半期でメンテナンスしてください。ただし、個人情報に該当することですから、取り扱いは厳重注意が必要です。

人には必ず良いところがあります。１００％悪いところばかりの人はいないはず、素晴らしい点が1つや2つは必ずあるものです。1つでもいいから良いところを見つければ、その人のことが好きになります。もしくは、好きになる努力をしてください。

取引先に対しても、自分の会社の同僚や家族も同じ。良いところを見つける行動習慣が自分を幸せに導いてくれます。

相手の「ホーム」で匂いをかぐ

サッカーチームには、自分の競技場では強いのに、アウエー、つまり相手のホームではさっぱり勝てないチームがあります。しかし、もしアウエーの競技場でしょっちゅう試合をしていたら、だんだん自分の「ホーム」のように感じてくるでしょう。そこで、取引先の「ホーム」に自分が馴染むようにしてみるのです。

取引先にしょっちゅうお伺いしていると、その取引先の変化を感じることができます。人の表情や動き、職場の雰囲気、空気感などを敏感に感じ取ってください。多少、感度の鈍い方でも大丈夫です。

例えば、会議室や応接間に貼られている標語や、額の言葉に注意してみてください。私がかつて担当していた会社の応接室に「和」と書かれた額を飾っているところがありました。実はこの会社、いつも社内で揉め事が起こっていました。目立つところに掲げられている標語は、その会社が実行出来ていないことが多いということがわかります。事務所に掲げている標語も同じです。

ポスターが乱雑に貼られていたり、整理・整頓・清掃ができていない会社は、間違いなく業績が上がりません。ある大手乳業メーカーの受付に貼ってあった新製品のポスターが、いつも右肩下がりになっているのが気になっていたことがありました。メーカーにとって未来を創る大切な、新製品のポスターが傾いているのに、誰も直そうとしていないのです。実際に、このメーカーから新製品が成功したという話は今も聞かれません。

ある大手スーパー本部の役員応接室には、有名な画家の本物の絵画が何枚も掛けられていて、定期的に取り替えられていました。でも、いつもどれかが歪んでいます。そのスーパーチェーンは、いつの間にか競合他社に吸収されてしまいました。私は、やっぱり…と思いましたね。こういう例はいくつもあります。

逆に、印象に残っているのが神戸にある食品会社「T社」です。いつ訪問しても廊下のパーテーションは真っ直ぐに並んで乱れもなく、塵ひとつ落ちていませんでした。垣間見える事務所の中も整然と整理されていて、段ボールなどは1つもありませんでした。こんな整理・整頓・清掃のキチンとした会社は必ず伸びます。事実、その会社は短期間で業界のトップ企業に上り詰め、今も業績拡大中です。

「P社」は、厳しい外食産業業界の中で、毎年、増収増益で業績を伸ばしている立派な会社です。訪問者があると、事務所にいる人たちは全員が仕事の手を止め、起立し笑顔で挨拶をします。退社する時も同じように立ち上がっての挨拶です。すべての社員が、外食産業としてのホスピタリティの重要さを行動で表し、習慣化している素晴らしい企業だと感心しました。

ポイントは「気づき」です。いろいろなことに好奇心を持っていれば、ちょっとしたチャンスに気付くことができます。成長の機会点を見つけられるかもしれません。ボーとしていたら、気づきませんし、空気も読めません。

チープ（安い）な相手はチープ（安い）な可能性しかない

あなたが例えばプレゼントで異性の気をひこうと考えたとします。相手が女性なら、かねてから目をつけていた真珠のジュエリーを贈った時、彼女は大喜び。しかしその直後に、さらに豪華なダイヤモンドのジュエリーをプレゼントしたライバルのB君。彼女は体も無くB君に鞍替えしてしまいました。

そんな打算的な彼女なんて、大したことない、諦めてしまえ！と第三者は言いたくなるでしょう。〝熱海の海岸〟みたいな古い例えでスミマセン。

それは営業も同じです。価格や条件でブランドスイッチする会社や人は、その程度の会社であり、組織であり、人です。そういう会社は仕入先という言葉を使う会社が多いようです。業者という言い方をされる会社もあります。どちらにしても本当の意味での取り組み、協働してお互いのセールスを伸ばそうという姿勢には欠けているように思います。

価格や条件だけで付き合っていても、お互いのセールスを伸ばしていこうという姿勢ではありませんので付き合い始めても、そのビジネスは長続きしません。新規獲得しても、そのビジネスは決して長続きはしません。

最近の外食産業や流通企業では、コーヒーマシンをレンタル（貸し付け）して取引を始めるケースが多く見受けられます。レンタル期間中の取引は、概ね保証されます。しかし、それもレンタル期間終了までのこと。お互いに協働して知恵を出し合い、既存の顧客の満足度を高めて来店頻度を上げたり、新たな顧客を増やしていくという努力を積み重ねていくブランディングセールスや「X型対応」ができていなければ、そのリース期間が終わると共に取引も終了してしまうでしょう。実際に、リース期間が終了するたび、仕入先を変更していくことで有名な会社もあります。取引している会社も、その会社には真剣に向き合わなくなっていきます。

○○県の××市にある△△社は、オープンコンペで企画を出させる会社として有名でした。最初のうちは「いい企画を出して、採用していただこう」と担当のAさんや新人のBくんも張り切っていました。しかし、決定した採用先をみると、どうやら、もっとも安い価格を提示したところだったのです。

「なんだ、そういうことか。企画は重要視していないのだな」とC部長は思いました。しかも驚いた事に、実行された企画の中には、ちゃっかりと当社のアイデアも入っていたのです。

「どうやら、あそこの会社は、一番安いところに決めて、企画はパクるらしい」という噂が囁かれるようになりました。それがわかると、コンペに参加する会社はどこも建設的で魅力ある提案を出さないようになります。単純な見積り競争になっていきます。これも、至極当然の話です。

チープなビジネスにはチープな可能性しかないのです。

とにかく「触れること」を増やす

触れること、と言っても満員電車の中ではありません。異性に触れたら違法行為になってしまいます。営業ですから、対象は取引先、手で触るのではなくて、こまめに訪問して「接触頻度」を上げることを指します。

顔と顔を突き合わせて話し合うから、お互いにお互いを理解できるのです。会う為には、会って頂けるようになるにはどうしたらいいのでしょうか。

仕事とは関係の無いくだらない話題しかできない営業マンや営業幹部には、取引先は時間を割いてはくれません。

熱心で、情熱的で、やる気があって、それに専門分野の知識や最新の専門分野の情報にも詳しい。取引先の現場の状況・現状にも、またマーケットの変化や状況にも精通している。だから、話していると為になる。そういう営業マンには取引先から会いたいと言って頂けるようになるでしょう。お互いのセールスアップという目的に向かって一緒に考え一緒に行動・協働する取り組みが出来始めれば、自ずと接触頻度は高まっていくものです。更にスパイラルアップしていきます。

接触頻度を上げる為には、先ず、その道のプロになりましょう。例えば私なら「コーヒーのことなら何でも聞いてください」と堂々と言えるくらい、専門分野の専門知識、常に新しい情報を頭に入れておきました。専門知識は常にブラッシュアップする努力、自分で積み重ねて磨く努力を怠らない事です。

入社3年目のS君は、地方での営業を経験した後、営業本部に異動してきました。大手の外食企業の担当になりましたが、取引先とのコミュニケーションは常にメール。企画書も、見積書すらメールで済ませている様子。営業職なのに、いつも会社の自席に座っています。

「あの企画、どうなった?」と聞くと「返事待ちです」と言います。

「相手の感触は?」「わかりません。まだ、メール返信がありません」

「何故。相手先に行って話をしないの?」「相手は忙しいので時間が無いのです。だから、メールにして下さいと言われています」との返事。

これ、笑い話ではありません。あなたの会社にも、そういう営業社員はいませんか? あなたも、そういう営業をしていませんか?

S君の名誉のために補足しますが、彼は性格の良い真面目な青年でしたので、その後、専門分野の知識も磨きコーヒーの公的な世界資格も取得、営業に関しての考え方や行動・習慣を変えていく努力も重ね、ブランディングセールスを実践していきました。今では取引先から最も頼りにされるブランディングセールスのできる営業管理職に育っています。

実際に顔を合わせて話し合うのが、コミュニケーションの始まり。ブランディングセールスの基本でもあります。

より良い関係を築くためには、人間性が大きな要素になります。人間として信用できる、信頼できる人だと、相手から思って頂ける事が基本です。

初対面の人に、いきなりお酒やゴルフの話…なんていうのはおススメできません。新人なら新人らしく、誠意ある態度は自然に相手に伝わるものです。多少頼りないなあと思われても、真面目が一番。

営業は名刺を何枚使ったかがカギです。何人に会ったかではありません。何回も何回も会い、接触頻度が増えてこそ、関係密度が深まっていくのです。

マクドナルドの原田泳幸さんが、私の事を「杉本さん」と名前で呼んでくださったのは、私が原田さんに6枚目の名刺を渡してからです。原田さんクラスになると、毎日多くの人と会っていますので取引先の一社に過ぎない会社の社員の名前まで覚えられないのが当たり前です。6枚目の名刺を渡した時、「知っていますよ。杉本さんでしょう。だから、もう名刺は要りませんよ。」と言われました。でも私は名前を呼んで頂いた記念ですからと、6枚目の名刺を渡しました。

これが私と原田さんとの、真の付き合いの始まりです。そして、プレミアムローストコーヒーの仕掛けがスタートしたきっかけです。

接触頻度が高まり、関係密度が深まると、結果としてセールス（業績）は上がります。それは、そこにお互いの信用・信頼関係ができるからです。

接触頻度と関係密度の掛け算の答えは、信用と信頼、それはイコール、お互いの業績の向上になります。

接触頻度×関係密度＝互いの信用・信頼の醸成＝互いの業績向上

まず、接触頻度を高めていく。上げていくことが第一歩です。その為には「あなたにならら時間を割いても会いたい」と思っていただけることですよね。あなたに会ったら「会社のためになる」とか「仕事にプラスになる」と思っていただけることですよね。「あなたに会うと、なぜか元気になる」ということでも良いと思います。

安心してください。最初は、あなたの「情熱・やる気」が伝わることです。一生懸命な姿勢は好感が持てます。真面目が一番。最初はこれだけで大丈夫です。

ダメな営業マンは、この接触頻度と関係密度のことを誤解している人が多いと思います。仕事を離れていくら接触頻度を高めても、馴れ合い・もたれあいの関係をいくら深めても、本当の信用・信頼関係は築けません。何よりお互いの業績向上にはつながりません。営業という仕事を誤解してはいけません。

スピード感で「SKD（すぐ　かならず　できるまで）」をやる

手際よくできるかどうか、スピード感を持ってやれるか、やれないかで、結果は大きく違ってきます。アマチュアのサラリーマンで終わるか、プロの仕事師・商売人になれるかの、分かれ目ともいえます。

とにかくリアクションは早い方がいいのです。取り掛かるスピードは速いほうがいいのです。もたもたしている営業は、仕事ができない人として信用されません。

直ぐやる（S）、必ずやる（K）、できるまでやる（D）—このことは、よく言われている営業の精神ですが、出来ている人は多くありません。私が若い人たちにずっと言い続けている事の一つです。

即、行動し、即、着手することに意味があるのです。とにかく走ること。走りながら考え、途中の段階で修正していけばいいのです。そのくらいのスピード感覚が必要です。そして、必ずやり遂げる意志の強さと、出来るまでは、何があっても諦めないという執念が大切です。

チームの同僚や上司に中間報告しながら自分の仕事に引きずり込む事も忘れずに。

公的な交通機関で競合15社とのオープンコンペがあった時のことです。そのオリエンテーションを受けた担当営業マンT君は、自席に戻るよりも先に私の席に来て、オリエンテーションの内容を口頭で報告しました。私は、即、部門横断的なチームを結成。中心メンバーのK企画課長は、やるべき項目の洗い出しを行い、タイムスケジュール化し、それを全員で共有。加えて現場でのコーヒーの味覚分析・オペレーション・サービスの実態などを検証し、単なる味覚提案に留まらず、告知方法・オペレーション改善に至る総合的な提案を実施しました。担当営業T君の報告の早さ、企画のK課長の迅速な対応と行動が功を奏し、圧倒的に高い評価を得ました。報告の早さと対応の早さがプレゼンテーションまでの時間的な余裕となったことが大きな成果に結びつきました。K課長は取引先の販売スタッフへの教育も提案し、今も長く良好な関係が続いています。

ある地域での事ですが、Ａチェーンで売上不振を理由に定番カットになった商品がありました。しかし、隣接のＡチェーンの競合Ｂチェーン店では継続して定番です。そこで隣接のＢチェーンの店舗で、エンドを使って試飲キャンペーンを継続して導入した結果、Ａチェーンの店舗では取り扱っていないので隣の競合Ｂチェーンの店舗で、該当商品の売上が飛躍的に伸びました。

Ａチェーンで定番復活した後でも、Ｂチェーンの店舗はＡチェーン店舗の倍以上の売上を継続しています。決して諦める事なく、即、手を打っていく。修正しながら取り組んでいった成功例の一つです。

Column

ちょっとコーヒーブレイク②

イスラムからヨーロッパ、そしてアメリカ大陸へ

焙煎したコーヒーを煮出した飲み物・・再び「カーファ」と呼ばれ、またたく間にイスラム世界に広がっていきました。16世紀、「カーファ」はカイロやイスタンブールにまで広がり、16世紀の半ばにはイスタンブールで「カフェカーネス（コーヒーの家）」が誕生しました。コーヒーハウスの原形のようなものです。憩いの場として、また知的な社交場として賑わっていたそうです。当時のオスマントルコ帝国は隆盛を極め、その中心がイスタンブール、人口50万人の大都市であり、ヨーロッパから多くの商人・外交官・文化人が訪れていた都市でした。

コーヒーがイスラム圏からヨーロッパに広がり始めた17世紀、新大陸アメリカにもコーヒーが持ち込まれました。１６６８年オランダ領ニューヨークでコーヒー豆が売られ、飲まれ始めたという文献もあります。

第2章　ファンを創るブランディングセールス十二か条

営業は信者をつくる仕事

営業の仕事は、自社の商品を、担当する取引先に売ったり、販促を提案したりする事が仕事ですか？　いいえ、違います！

営業は信者を創っていくことが仕事です。自社のブランドや商品が大好きな人、熱烈なファンを創る事が仕事です。一人でも多くの信者を創る。一人でも多くの信者を増やしていく、信者を増やし続けていく事が営業の仕事の基本です。消費者は勿論、取引先に対しても同じです。ファン創りは、ブランディングの根本にあるものです。

「信者」（ファン）と書いて「儲かる」と読みます。信者を創っていかないと利益につながっていかないという言い方をしても良いと思います。

ＢｔｏＢに於いても同じです。取引先から、「やっぱりＵＣＣがいいね」「○○なら○○じゃないと」と言って頂けるようにしていく事がブランディング、ブランディングセールスなのです。

市場でたった一社しかない独占企業なら営業という仕事も不要なのかもしれま

せん。でも、そんな市場はありませんよね。現実は、数多くの競合他社と呼ばれる会社と競争しているはずです。プレイヤー（同業他社）の多い業界なら、さらに熾烈な競争をしているでしょう。やはり、自社の事業や商品、自社の強みや持てる機能を如何に取引先の事業拡大やセールスアップに活かせる強みや機能であるかを取引先に理解いただき、共感いただくか大切です。パートナーとして認めていただくかが大切なのです。

ブランドや商品の好感度、顧客満足度などブランディングの重要な指標ですが、ＢｔｏＢでも同じなのです。会社や商品の好感度・満足度を上げていかないといけませんよね。これを上げていくのはあなた。担当している営業マン・営業部門の対応と取組み方なのです。そう、営業マンしか「取引先からの満足度」を上げていけないのです。「取引先満足度」が高まれば高まるほど、ばかげた価格競争や条件競争とは一線を画した営業活動がはじめてできるのです。

口先のうまい営業は信頼が作れない

いかにも口先のうまい営業マンは、できる営業マンのように見えます。いわゆる「しゃべり」がうまい。言われたことへの「返し」もうまい。でも、口先のうまい営業マンが本当に「できる営業マン」でしょうか？　営業なのに口ベタのあなた、言いたいこと・伝えたいことの半分も言えないあなた、安心してください。答えはノーです。絶対にノーです。

口を開けばゴルフや釣りなどの趣味の話、「今日はよい天気ですねぇ」と天候の話など仕事には関係の無い話や、ヨイショ専門の営業マン…。これは、三流の営業マンです。こういう営業スタイルの営業マンは、どう見ても、軽い！　お調子者としか見えません。当然、取引先からは信用されず、信頼関係は築けません。もし今、うまく成績を上げられているとしても、その好成績も短期間で終わるか、競争相手に取って代わられるか、取引先の業績が悪化していくかのいずれかになっていくでしょう。

広告宣伝を担当していた頃のこと。ある企画で広告代理店３社からプレゼンを受けたことがあります。大手の広告代理店U社からの提案内容に対して、私は反対の意見を出しました。その会社の「しゃべりのうまい、返しのうまい」担当営業マンは、提案書に書いてある事はさておき、私の意見に同調してそのプレゼンは終わりました。当然、一緒に取り組むことはできませんよね。結果が出せる営業、結果が残せる営業は、口先だけの賑やかさからは生まれないのです。

自分で努力して誰にでもできる最初にできることは、あなたの専門分野の商品知識に磨きをかけることです。先ずあなたのすることは、商品知識の習得です。いずれ、取引先のセールスを上げていける提案に必ず、その商品知識は活きてきます。地道に着実に確実に、その専門分野の商品知識の習得、更に磨きを掛けることに取り組んでいきましょう。

結果を出せる営業マン・結果を残せる営業マンは、口先だけがうまい営業マンではありません。取引先に信用される・信頼される営業マンです。

営業は種をまき、苗を育て、収穫する

営業には、農耕型営業（深耕作戦）と狩猟型営業（新規開拓）の2つ異なるタイプの営業方法があります。基本は既存取引先とのビジネスを更に深く耕していく農耕型営業です。同時に、新たな販路を創る、新たな取引先を開拓する狩猟型営業を行なっていくことが大切なことです。

どんな会社にもメインの販売チャネルや販売先があると思います。しかし、市場は限りなく変化しています。その変化のスピードは加速するばかりです。人口減少・少子高齢化、大都市一極集中と地方の過疎化、女性の社会進出、外国人労働者の増加、国境の壁を低くしたグローバル化もそうです。世の中は大きく変わってきていきます。同じ商品でも売れる地域もあれば、売れない地域もあるでしょう。売れるチャネルもあれば、売れないチャネルもあるでしょう。だから、今の既存の販売チャネルや取引先だけが全てではないのです。常に、新たなチャネル・新たな販路や取引先の開拓が必要不可欠なのです。

また、農耕型営業も狩猟型営業も両方とも一人の営業マンが担当することは可能です。わざわざ、この異なる営業タイプ別に組織を分ける会社もありますが好ましいことではありません。ブランディングセールスを理解して実践していくことができれば、一人の営業マンが農耕型営業も狩猟型営業も担当することを可能にさせます。

イメージは、土佐の高知の「一両具足」です。平時には農民として田畑を耕し（農耕型営業）、いざ戦となると武器や鎧を携え戦いに行く（狩猟型営業）。農耕をしていても常に臨戦態勢は平時からの習慣になっていますので、素早く戦場に出向くことができる半農半兵です。通常は既存の取引先との深耕作戦に従事し、常に新たな販路を創る事を怠らないというイメージです。

両タイプとも、「刈り取る」発想の営業はダメです。営業の仕事は、「種をまいて、苗を育てて、それから収穫する」ことです

農耕型営業も狩猟型営業も共通して「刈り取る」だけの営業に明日はありません。

商いは、「三方良し」でいく

よく、「ｗｉｎｗｉｎ」と言いますが、私は近江商人の「三方良し」がビジネスの基本ではないかと思います。ビジネスは短期間で終わるものではありません。末永くお付合いしていくには、関係者全員がハッピーとなるビジネスをしていかねばならないと思います。作る人・売る人・買う人（運ぶ人）と、当該ビジネスに絡む全ての人たちが喜びや達成感を得られた時に、ビジネスは長続きするものです。それが〝三方良し〟という考え方です。

勝つか負けるかという話ではなく、関係する者みんなが幸せになればいいのです。利益は3分ずつ分けて、あとの1分はみんなで飲もうよ…。そうすると次にも仕事がつながります。自社だけでは拡げられない新たなチャネルや新たな取引先も紹介を受けて拡がったりする事もあるでしょう。

いずれにせよ、自社だけが良かったら良い。自社だけが儲けられれば良い。取引先は生かさず殺さずという独りよがりのビジネスをする会社は、いつかは見放されてしまう。と思います。

取引先と商品を大切にする

ＢｔｏＢの営業にとって大切なのは取引先と商品です。取引先のセールス拡大を、いつも考えているといろいろなアイデアが浮かんできます。そうすると本社本部での商談以外に現場の店舗に足を運ぶ回数が自ずと増えていきます。新商品や新メニューは必ず試飲試食したくなりますし、現場の店舗に伺うことで、現場でしか気づかない「成長の機会点」に気づきます。

よく、問題点とか課題などと言いますが、これはネガティブな発想ですので、問題点の修正や課題をいくら克服してもセールスは上がってきません。「成長の機会点」と捉える事でセールスの上がる作戦を提案する事ができます。それが取引先を本当に大切にするという事です。

取引先に商品サンプル等を持っていく時には、商品は地べタに置かないようにしましょう。おじさんの小言に近いような話ですが、やっぱり、してはならない事はしてはいけません。大切なものは大切に持ちましょう。彼氏彼女にプレゼントするものを地べタに置いて渡さないでしょう？　同じです。

商品について、もう一つ。大手の流通企業、特にCVSをメインの販売チャネルにしている会社は、折角、苦心して開発して導入した新商品なのに、継続・カットの判断期間が短く、大量の在庫を廃棄処分する事がありませんか？　いくら需給管理の精度を上げていっても、それだけで解決する事は難しいように思います。

例えば、コンビニエンスストアでは、1店舗平均、1週間に10個しか売れない商品（週販10個）は確実に定番カットの対象になりますよね。仮に導入店舗が5000店舗だと仮定すると、その商品は1週間に5万人のお客様に買われている商品です。でも定番カットになってしまいます。中には20個以上も売れている店舗もあると思います。それでも一律に定番カットになります。売れているエリアを限定して展開することもありますが、非常に希有な例です。

売れている店舗もあるのに「モッタイナイ」話です。新商品は即効性だけではありませんよね。じわじわと育てていくことが必要です。それを諦めてしまうと新しい市場なんて創れませんよね。商品も育ちません。

諦めない事も商品を大切にするということです。

取引先のセールス拡大が最優先

取引先のセールス（売上や収益）が上がることを仕事の最優先で考える―、これがブランディングセールスの基本です。

あなたが今月の予算数字やノルマを何とか達成したいが為にだけ、一生懸命「売り込み」をしても、なかなか数字を上げることはできません。

取引先のセールスが上がることを提案し、一緒に取り組んでいかない限り、あなたのセールスは上がらないのです。取引先のセールスが上がれば、あなたのセールスはその結果として上がってきます。自社のセールスだけを優先する会社とは、誰も取り組んでは頂けません。

意外でしょうが、日本の外食産業で最もコーヒーが売れているのは、マクドナルドです。２００５年、マクドナルドで「コーヒーを戦略メニューとし、マクドナルドのブランド価値を上げていきたい」とのオリエンテーションがありました。

それまでのコーヒーのメインサプライヤーは競合他社、当社はサブサプライヤーのポジションでした。早速、部門横断でチームMを結成。その難題にチャレンジ開始。マクドナルドに来られる消費者が「わくわく・どきどき」するようなコーヒーとは何だろう?という視点から珈琲専門店でも提供できない最高レベルのコーヒーを開発。「これならファーストフードの珈琲じゃない。フードにもマッチして、コーヒー単体でもいける。とっても美味しい!」

無料試飲券の大量配布作戦も功を奏し、朝・昼・夕の食事タイム以外にも、10時・3時というアイドルタイム(お客様の少ない時間帯)でも、コーヒーのオーダー数は増大したのです。つまり、マクドナルドは〝カフェ〟として利用されるようになったのです。膨大な無料試飲券の配布は全てマクドナルド社の負担でした。

結果として、当社の納入シェアも大幅にアップし、コーヒーのメインサプライヤーとなりました。その後、そのマクドナルドでの成功をベンチマークしたコンビニエンスストア各社がカウンターコーヒーを展開していくことにつながっていき、日本のコーヒー市場は大きく拡大していきました。

意志をしっかり持つ

あなたは、営業として毎日、充実していますか？　イキイキと営業していますか？　生き甲斐や働きがいを感じていますか？

あなたの夢は何ですか？　あなたはどうありたいですか？　どうなりたいですか？　何をしたい、何を成し遂げたいと思っていますか？　これらの質問の答えが、あなたの望みです。それを実現させるのは、あなたの意思、意思の強さです。

意志は、あなたの目標・目的を明確にする「身体の幹」のようなものです。意思を持てば、ふらふらと〝浮き草〟のように流されなくてすみます。

仕事に於いても、何の為にするのかという意思を基本に、何を・いつまでに・どんな方法で・どうやっていくのか。求める理想の結果は何か（これは数値化すること）という目標をしっかり定めるようにして下さい。

３年先までにやるべき事をハッキリ決める。今年1年でやるべき事、この３ヶ月でやるべき事、この1ヶ月でやるべき事をハッキリ決める。今週やるべき事、今日やるべき事をハッキリ決める。という事です。

できる・できないの違いは責任感

決めたことをできるか、できないか、達成するか、しないかは、やり遂げようとする強い気持ちがあるかどうかによります。セールステクニックや、専門知識の有無ではなく、執念や責任感の差です。

例えば価格改正を告げなくてはならない時、特に値上げを伝えるのは難しいものです。難しいから、交渉は最初から弱腰になります。妥当な値上げ金額の半分くらいで手を打ってしまう…。ベテランと言われる取引営業スタイルの営業にありがちな営業行動です。いくら半額で決着しても、この決着には取引先には値上げされたとの不満が残ります。あなたも半分だけしか値上げできなかったとの不満が残ります。双方が不満を持つ安易な「妥協」です。逃げ以外の何ものでもありません。最悪の決着です。逃げは責任感の欠如以外の何ものでもありません。双方に不満が残って、取組営業、ブランディングセールスは成立しません。

「取引」ではなく「取組」と考える

営業で最も大切なのは、取引先の人を大切にすること。人との出会いを大切にすることです。取引先に信頼され頼りにされる営業マン（営業幹部）になることです。営業幹部はそういう営業マンを育てることです。

理不尽な要求にも安易に妥協して、満額回答をするような取引営業・御用聞き営業の営業姿勢は、軽く見られる事はあっても、決して取引先との信頼関係は築けません。相手の悩みを共通の悩みとして共有し、取引先のセールスを向上させていく事に取り組んでいく。言うならば「同志」という感覚を持つことが大切です。取引先からもそう思われることが「取り組み」です。

競合同士の戦いから、取引先の言いなりに価格を下げざるを得ない局面に出くわすこともあるでしょう。こういう時にこそ、日頃の協働・取り組み・営業姿勢の差が出てきます。

向かい合った「取引」の関係から、横に並んで手を組み、同じ方向（目標）に向かって歩む。これが取組みの関係です。

取組企業とは、50：50の関係で、互いの強みを活かし、叡智を出し合い、協働することで、お互いの業績を向上させていく関係にあることです。これを取組企業と言います。もたれ合いとかなれ合いということとは異なります。

取組営業の基本は、相手の悩みや課題（成長の機会点）を自分のものとして、とことん一緒に考え、議論しながらベストの方法を見つけ出し実行して、成果を出していくことです。

言われた通りの「御用聞き」にならない

取引先に言われたことだけに対応するのが、営業の仕事だと誤解している人がとても多いように思います。言われたことに応える為、言われた資料を作成し提出する。これを「提案」だと誤解していませんか？　それが「提案書」だと思っていませんか？　これが営業の仕事だと思っていませんか？　私は、こういう営業スタイルを受け身の「御用聞き営業」と名付けています。

受身の営業スタイルには、いつまでたっても自分の意志が反映されません。達成感に最も欠ける営業スタイルです。

企業活動は結果がすべてですから、営業に課せられた数値やノルマを達成するのは当たり前のことです。多くの営業社員は数字に追いかけられ、今月のノルマを達成するのに四苦八苦しているのが実態です。数字だけを追いかけるから、価格と条件だけの受注活動中心の「取引営業」になってしまっているように思います。だから、取引先の法外無茶な要求にも安易に妥協してしまう、御用聞きになってしまうのです。

持てる能力を取引先に費やす

自社の強みは何ですか？　自社にはできても競合と言われる他社にはできない事は何ですか？　意外と多くありませんか？

取引営業・御用聞き営業の共通点は、他人の芝生（競合他社）がよく見えて、青々とした自分の芝生の良さに気づかない人が多いように思います。隣の芝生が綺麗だと思っていて取引先と一緒に取り組んではいけません。

さぁ、自社の強みをノートに書き出してみて下さい。どんな企業にも強みの一つや二つは必ずあります。もっとあるはずです。

次にその強みを、どう取引先に活かしていきますか？　どう活かせますか？

取引先の考えている課題や問題点を「成長の機会点」と捉え直して、自社の強みを活かしていく方法を三つ考えてみて下さい。

取引先の考えている課題や問題点は同じではありません。パズル絵のパズルがいくつか欠けている、足りない状況に似ています。この部分に自社の持てる能力パズルをはめ込んでいくイメージです。自社の持てる能力を取引先の成長の機会点に合わせてカスタマイズしていく事です。

あなたの会社の持てる能力を、あなたの取引先に費やすことです。

勉強しないと一流の営業ができない

ブランディングセールスを行うためには、常に勉強が必要です。コーヒーのことだったら杉本に聞け、というように、このことならこの人に聞けばいいと思われることができれば、ほぼ営業は成功です。その為には最低条件として商品知識がないとできませんし、その専門知識や専門スキルを磨かないとできません。

そうしないと条件と価格だけの営業になります。これは、2流の営業のやることです。自社の専門分野の知識と造詣を深め、腕を磨くこと。そして、持てる専門知識・スキルを取引先で語ってください。ひたすら専門分野の知識を学べば、マニュアルや教科書には載っていない営業現場で活きる商品知識となって、自然に語れるようになります。

営業現場で活きる商品知識は会社から与えられるものではありません。自分自身で探し求めるものです。自分で学んだことは、身に付いて活きてきます。営業現場で使える活きた商品知識は、貪欲な知識吸収意欲と興味・好奇心以外にはありません。興味のあるものは自分で調べ、積み上げていくしかありません。

営業現場で活きる専門知識は与えられるものではなく、自分で習得するものなのです。

「こんなものもある」と、お客様にさりげなく教えてあげると、「ほーッ」ということになります。営業は日々勉強です。

更に、専門分野だけでなく専門分野に近い周辺の分野の専門知識もあれば、もっと、凄味のある提案ができるし、更に、深い営業・深い取り組みができるでしょう。


読み疲れてきていると思いますので「一服の清涼剤」として・・・コーヒーの話をしてみましょう。

コーヒーの本がたくさん本屋さんに並んでいます。コーヒーは身体に良い、健康に良いと言われ始めてから、特に多くなりました。カフェインやクロロゲン酸やトリゴネリンというコーヒーの成分も随分と知られるようになってきました。

「この国のコーヒーは、こういう味覚です」とか「このコーヒーは○○農園で収穫されて・・」なんていうようなことは、本やテキストに載っています。でも、そのコーヒー生産国（例えば、モカコーヒーの国エチオピア）の名前の由来などは載っていませんよね。でも、今は好奇心や興味さえ持っていれば、何でも簡単に調べることができますよね。

こういうことが営業の現場で活きる商品知識になるのです。会社で習っていないとか教わっていない。なんて言わないで。

折角ですので、ほんの一例ですが・・コーヒー生産国の国名の由来です。

（ブラジル）　大西洋岸に自生する原木〝パウ・ブラジル〟の名前

（コスタリカ）　スペイン語で、ｃｏｓｔａ「海岸」＋ｒｉｃａ「富める」

（キューバ）　インディオの言葉で「黄金の見つかったところ」

（エチオピア）　ギリシャ語で「日に焼けた顔」

（ハワイ）　ポリネシア語で「神のおわすところ」

（ガテマラ）　インディオの一部族ナウトルの言葉「森に囲まれた土地」

（ジャマイカ）　原住民の言葉「森と水の国」「泉の湧き出る土地」

（タンザニア）　水が集まる／黒い海岸／別天地

（ベトナム）　　中国語で〝越南〟。「遙かに南の国」
（コロンビア）　探検家〝コロンブス〟の名前を記念したもの
（メキシコ）　　アステカ帝国の守護神「神に選ばれし者」
面白いと思いませんか？
ちょっと調子に乗って・・
（スターバックス）小説「白鯨」に出てくる捕鯨船の一等航海士の名前
（マクドナルド）アイルランド語の〝マック＝息子〟「ドナルド家の息子たち」
（モスバーガー）M（マウンテン）・・山の様に気高く堂々と
　　　　　　　　O（オーシャン）・・海のように深く広い心
　　　　　　　　S（サン）太陽のように燃え尽きることのない情熱を持って。

提案書にすることでもコピーを取って配ることでもありませんが、商談や打ち合わせをしている時に、何気なく使えたりすると楽しいですね。雑学ではありませんよ。あくまで専門分野の商品知識の延長です……。

Column

ちょっとコーヒーブレイク③

日本で一番飲まれている飲み物「コーヒー」

輸入統計に初めて「コーヒー」が出てくるのは明治10年のことです。コーヒー生豆輸入量は18トンと記録が残っています。

今では43万トンを超えるコーヒー生豆が世界のコーヒー産地から日本に輸入されています。

水分摂取量（人が生きていくために必要とする水分の量）と有価飲料（水道水以外のお金を払って飲む飲み物）から見て、コーヒーは2015年に緑茶を抜いて有価飲料第一位の飲み物になりました。日本人が一番よく飲む飲み物はコーヒーになったということです。今ではコーヒー、緑茶、ビールが日本人の三大飲料になっています。

第3章　自分の営業スタイルを向上させる心得

ライバルの悪口はやめておこう

競合他社の悪口や競合他社を貶めることを、営業の常套手段にしてはいけません。これは人として最低の行為です。人の悪口や誹謗中傷は、言っている人自身を貧相にする行為です。せっかく神様からいただいている幸運も、逃げて行ってしまいます。

特に、企業のＴＯＰや幹部がそうだったら最悪。誰も幸せにならないし、誰も幸せに出来ません。社員も社員の家族も、取引先も、自分自身も…。

自社の能力や自分自身に誇りと自信がないから、他人や競合他社の悪口を言うのです。決して、信用・信頼されませんね。

営業は正々堂々と真っ向から取引先と取り組んで下さい。

提案書は「絵」を見せるつもりで書く

「へぇ～　そうなのか～」「面白いね」と、相手に言わせる、思わせるのが提案です。その時に提示する企画書は、Ａ４の用紙１枚で十分です。できるだけ簡潔にわかりやすく、結論を明記してください。

提案書は「起承転結」の「結」から書いて、「結・起承転結」で書くことが鉄則です。

あなたの提案書は、あなた自身が〝ワクワク・ドキドキ〟する内容になっていますか？　魅力にあふれる内容ですか？　感動は提案書の枚数と無関係です。むしろ、枚数の多い提案書は感動にはつながりにくくなります。

プレゼンテーションで用いられる膨大な資料と、企画書の枚数の多さは、それをきいている取引先のフラストレーションにつながるだけ。あまりにも分厚い企画書は、誰も読みません。

営業マンが提案書作成・企画書作成に費やす時間は、一般的に勤務時間のおよそ20％を費やしているそうです。この時間がモッタイナイ。

締め切り日を仕事ごとに必ず決める

どんな仕事にも「いつまでにやる」という締め切りがあります。締め切りが決まっていない仕事こそ、自らの意志で締め切りを決めて取り掛かることが大事です。何気なくダラダラとやるのと、締め切りを設けてするのとでは、その過程も結果も全く違ったものになるでしょう。特に「質」が変わってきます。

締切日をぎりぎりに設定するから、間に合わなくなって慌てるのです。どうしても延びてしまう…。それならば、本当の締め切り日の1週間とか10日前をデッドラインと決めて、計画を立てて下さい。もしちょっとしたトラブルが起こったとしても、1週間、10日もあれば大丈夫、問題も解決できます。

「いつも締め切りは、きちんと守る」営業マンは、取引先の信頼が自ずと厚くなります。特に営業マンは、先ず、こういう事を習慣づけて下さい。

スケジュールは逆算して自分を管理

土俵際で相撲を取ってはいけません。土俵の真ん中で相撲をとるから、余裕が生まれるのです。余裕ができれば、仕事の質やレベルは自然と高くなり、成果も大きくなります。逆に、締め切りぎりぎりの土俵際でやる仕事は、余裕がないから雑になりがちです。締め切り日から逆算して、やるべき項目を洗い出して計画を立てる。

私は、先ず業務相関図・業務関連図を作ります。一枚の紙に、スタートからゴールまでの大きな流れ・大きな項目を書き出して、それぞれの項目の上の段には「自分ではできないこと」「外部の力を借りないとできないこと」を、下の段には「自分でできること」「やらなくてはならないこと」を書き出します。これは私の工夫ですが、やるべきことが一目瞭然になって便利ですよ。

これを基にして、スケジュールをマイルストーンの形式に落とし込みます。

行動はつねに「A（あたりまえのこと）・B（バカにしない）・C（ちゃんとやる）」

あたり前（A）の事を、バカ（B）にしないで、チャン（C）とやること。これは最も大切な、仕事の基本の〝き〟です。行動の基本です。

これは意外に難しいのです。そんな事、わかっているよ。という事こそ、抜けやすいものなのです。

電車の駅で駅員さんが指先確認を絶対に怠りませんね。だから、我々は安全に電車に乗れます。路線点検もそうですね。保安の方が定期的に点検していただいています。目視だけではなく、音を聞いて確かめる点検も。もし、こういう日々の点検を怠っていたら、、、怖い話です。

原田泳幸氏の「マクドナルド奇跡のV字回復」は、余りにも有名な話ですが、繰り出す戦略展開の大胆さとスピード、そして何事も徹底的にやり遂げる、できるまで諦めないリーダーシップは見事なものでした。しかも、大胆極まりない施策は次から次に繰り出されましたが、原田泳幸氏は常に外食の基本中の基本であるＱＳＣ（クオリティ、サービス、クリンネス）の徹底を怠りませんでした。ＱＳＣは外食企業にとって、事業の底辺であり土台となるものです。いろんな奇抜な戦略を展開する中でも、基本は常にＱＳＣ。これは外食産業に於ける基本中の基本なのです。このＱＳＣの徹底こそが、外食産業のＡＢＣです。

このＱＳＣレベルの向上が、店舗の質をアップさせ、同時に人が育ち、事業基盤の土台が大きくなり、あらゆる施策の効果が最大限に上がり、最大の成果に結びつくという考えだったと思います。

基本ができていなかったら、どんなことをやっても大きな成果には結びつきません。せっかくの施策も効果半減です。

ゴルフも一緒ですね。練習もしない、暫くクラブも触らずにコースに出ても満足できるスコアでラウンドできる訳がありませんね。これもＡ・Ｂ・Ｃですね。

そう言えば、最近、この本を書いていますので、ゴルフの練習は全然できていません。次回のスコアは想像できます。

やってみないと、わからない

出来るか、出来ないか、頭でぐずぐず考えていないで、とにかく、やってみることです。やりながら軌道修正していけば良いのだと思います。ただ、無鉄砲、無暗に走る事ではありません。

まず、どうすれば出来るか、3つの方法を考えてください。1つでなくて3つ、これがポイントです。選択肢が3つあることが大事です。

例えば、ちょっとした山登りに行く計画があったとします。あいにく前の晩に雨が降りました。「足元が心配だから、登るのは止めましょう」と言ってしまえばそこでおしまい、頂上には絶対に行けません。

「このルートなら比較的足場がいい」「少し遠回りだけれど、こういうルートもある」「途中までケーブルカーを使う手があった」などと、方法をいくつか考えてみれば、その中のどれかがうまくいき、計画を断念しないですむでしょう。

3つの選択肢を考えるスピードが大切です。

出来ない理由をいくつ挙げても何にもなりません。出来ない、やれない、無理などというネガティブな考えや発想、行動からは、建設的な結果は何も生まれません。やってみなければできるかどうかわからないではないですか。

「こういう理由でできません」と、マイナスの言い訳を先に言っているようでは、協働での取組み・ブランディングセールスはできません。出来ない理由は、ひとつも考えなくていいのです。

一所懸命に考えるのは良いのですが、スピード感を忘れないで下さい。こういう時は独りで考えないで、周りの上司や同僚に相談してみましょう。他部門の協力、知恵を借りましょう。

考えるだけで全く動かないというのは絶対にダメです。石橋を叩いて渡らない。石橋を叩きすぎて、最終には渡る橋が無くなってしまう。

難しいですが、考える内容の質と精度、このバランスなのですが。やっぱりやってみないとわかりません。

やった失敗より、やらなかった後悔はしない事です。

食べてみないと、わからない

おいしいのか、まずいのかは、食べてみないとわかりません。食べてみてまずかったら、吐き出せばいいのです。これは、新規取引などの際に当てはまることです。信用調査だけを判断基準にしないでください。

「味が悪い、まずいですよ〜」と言われても、実は好きな味だったということもあるかもしれません。食べてみなければ、本当の味はわかりません。とにかく食べてから、自分で判断すればいいと思います。

Dさんは、私が、ぜひ新規に取引を始めたいと思ったC社の経営者。事業の将来性とともに、魅力ある素敵な人柄の苦労人でした。ところが、C社は信用調査で最低ランクとでてしまいました。会社の規定では取引不可。

そこで私は、まず、預り金をいただいてから、取引を開始しました。いうまでもありませんが、2年後にはその預り金は全額お返しすることができ、今でも大きな取引先になっています。

Ｅ社は、「支払いが悪い」「支払いサイトが長い」「仕入れが厳しい」などと、過去の社内での評判の悪さから、今では誰も新規セールスに行こうとしません。それでも、重い腰を上げさせ、Ｏさんに新規営業に行かせてみました。すると、社内で言われていたこととは全く違っていました。付き合ってみればみるほど、さらに、Ｅ社の真摯さ・真剣さが伝わってくるのです。

わかったことは、以前に取引を獲得できなかった担当者の言い訳が、良くない社内伝説になっていただけだったということ。意外と、こんなケースは多いものです。

新任の営業の責任者として着任し、Ｍ社を訪問した時のこと。二年前まではインストアシェアも高く取引額も大きな取引先でしたが、先方の要求したサイズの商品が製造できずに、それができた他社にシェアを奪われたと報告を聞いていたのですが、事実は提案のスピードが遅くて他社に発注したとの事。こんな話は、どこの会社にもあるでしょう。やっぱり、取引先は行って話を聞かないと本当のことはわからないという事です。

他人には、気をつかおう

社内でも、社外でも、営業はホスピタリティが重要です。他人には気を遣うこと、他人をおもんばかる気持ちがないと、相手と協業する事も取り組んでいく事もできません。ブランディングセールスはできません。

とはいっても、言うべき事、主張すべき事も言わずに黙っているという事が気を遣うということではありません。言うべき事、主張すべき事は、キチンと言う。伝えたいことはちゃんと伝えること。相手を尊重して、そのうえで対等に議論し合える関係を作りたいものです。馴れ合い、もたれ合いではなく。

最近、ゴルフ場で若いゴルファーを見かける事が多くなりました。女性も増えてきました。他の組がティグラウンドでプレイ中は大きな声を出さないとか、後ろには立たないとか、プレイの遅延になる緩慢なプレイは慎むという事も、他人には気をつかう、おもんばかる良い訓練になるかもしれません。私の若い頃はHD36（スコア108）レベルになるまではコースに出てはいけないと言われていましたが、今はスポーツとして楽しまれたら良いと思います。しかも、気を遣う、おもんばかる訓練とも考えると一挙両得ですね。グリーン上で他の人のラインは踏まないとか、パッティングしている時には自分の影を他の人のライン上に落とさない。などもそうですね。すべて「何故か？」の理由があります。

品質の高いハンバーガーで有名なモスフードさんは、韓国から日本に来て頑張っているアンソンジュプロや小柄ながらもアメリカで健闘しランキング入りしている上原彩子プロ、若手のホープ斉藤愛璃プロなどが所属している外食企業ですが、このモスフードの櫻田厚会長とラウンドすると本当に勉強になります。気の使われ方は半端ではありません。流石に外食産業界を引っ張って来られた経営者だと尊敬します。ご自分は淡々とシュアなプレイに徹しながら、周りを楽しませてくれるさりげない心遣い、気遣いには感心させられます。人を喜ばそうとか、楽しませそうとか、驚かそうとか、そういう事を自分の喜びや楽しみにできる。

やっぱり、ホスピタリティが大切です。

営業マンとして日頃の習慣にしたいものです。

何事も「整理・整頓・清掃」が基本

常に、身の回りの整理・整頓・清掃を徹底すること。身の回りの整理・整頓・清掃は基本です。皆さんのデスクの上は、どうですか？　書類が山積みになっていませんか？　デスクの下にも書類や商品サンプルを置いていませんか？　整理・整頓・清掃の習慣はダイエットにも良いそうですが、何よりも何が何処にあるのか探しやすくないですか？　書類山積みの方は必ず言います。どこに何があるか、この方がわかりやすいのだと。一〇〇歩譲ってそうかもしれませんが、この考え方は自己中心的ですよね。事務所の中に段ボールなどを積み上げていませんか？

なぜ、こういう話をするかと言いますと、ブランディングセールスに限らず、仕事の基本は「整理・整頓・清掃」なのです。身の回りの整理・整頓・清掃と同じように、仕事も整理・整頓・清掃。これがとっても大切なのです。仕事をこまめに整理し、整頓していく癖を習慣にしていくと想像以上に時間の余裕ができてきます。時間に余裕ができるから計画的に物事を考えられるようになります。そうすると仕事の〝質〟が上がってきます。仕事の質が上がると取組営業の成果が現れてきます。騙されたと思ってチャレンジしてみて下さい。それから、仕事も清掃する事が大切です。緊急度が低く、重要では無い仕事は割愛（清掃）しても構いません。時間的余裕ができると徐々に「重要では無いが緊急で対処しないといけない仕事」を減らしていけるようになります。緊急度は低いが、とても重要な仕事にも、じっくり取り組んでいく事ができるようになります。

銀座にある老舗の喫茶店Ｗ。店内は本当に〝老舗〟と感じる古さです。テーブルや椅子も随分と使い込まれたものばかりです。でも、いつもテーブルクロスは真っ白で、テーブルの上のシュガーポットなどの銀製品は、いつもピカピカに磨き上げられ光っています。こんな喫茶店で提供されるコーヒーやフードは、敢えて能書きを語らずとも美味しいものです。

神戸の食品卸会社の話は前述しましたが、繋ぎ合せのパーテーションは真っ直ぐ、事務所の中に段ボールは無く、デスク・デスク周りも塵一つ落ちていません。全国展開の大手企業に成長。整理・整頓・清掃にプラス〝躾〟のできた会社です。

Ａ４一枚の紙に整理してみる

これも習慣にする事をオススメします。どんな仕事も仕事ごとにＡ４一枚の紙に整理する（しておく）と、頭の中が整理・整頓できます。すっきりしますよ。

仕事の起点から終点までのプロセスから流れに沿って〝大項目〟を抽出して横軸にする。大項目ごとに、上の段に「自分の出来ない事」例えば、法律や他部門・上司の必要なサポートなどを大項目ごとに洗い出す。下の段には「自分でやるべき事、自分でできる事」を大項目ごとに洗い出して整理する。一般的には業務相関図や要因図などがＡ４一枚に整理する代表的な例ですが、どんな仕事もＡ４一枚に「図」「絵」のような整理をすると、仕事が一目瞭然で把握できます。まるで、一枚の絵を見ている感じになります。

相関図や要因図ではなくとも、どんな仕事もＡ４一枚に絵を描くように整理すると仕事のスピードがアップしてきます。併せて、仕事の質や精度も上がり、結果として成果が上がるようになります。Ａ４一枚の整理は、仕事の成果を上げる仕事の仕方、習慣だと思います。

ムダな時間をなくすのが効率の第一歩

あなたの一週間の時間の使い方を少し分析してみませんか？

先ず、縦軸に朝～夜まで1時間毎のメモリを入れて下さい。横軸には日曜日～土曜日を書いた表を作って下さい。後は、先週一週間のスケジュールを記入して下さい。

①取引先で商談や打ち合わせをしていた時間は何時間何分でしたか？
②取引先に移動する時間は何時間何分でしたか？　取引先への行き帰り、取引先から取引先への移動時間も含めます。
③社内での会議や打ち合わせの時間は何時間何分でしたか？
④条件処理や経費処理、メール等々の確認などの時間は何時間何分でしたか？
⑤企画書や提案書など作成に要した時間は何時間何分でしたか？
⑥昼食や休憩にあてた時間は何時間何分でしたか？
⑦以上の６項目以外の時間は何時間何分でしたか？
⑧最後に、出社～退社までの時間は何時間何分でしたか？

①〜⑦のそれぞれの項目の時間数を⑧の総計時間で割り算してみて下さい。どの時間が一番多く、二番目はどの時間でしたか？　①の取引先での商談や打ち合わせに使っている（費やしている）時間は意外と少ないなあと思いませんでしたか？　一般的には一日の25％くらいしか実際の営業に使えていないという統計もあります。

では、1分1秒でも多くの営業時間を創り出していくには、どうすれば可能になるでしょうか？　それはムダな時間を無くしていく。少なくとも減らしていく事です。特に②③④⑤。

まず②の取引先への移動時間。これは、遠い場所にある取引先を担当している場合もあるでしょうが、これが多い営業マンは取引先に呼ばれてからスケジュールに入れる受け身の営業によく見受けられます。営業拠点と取引先を往復したり、同じ方角に行ったり来たりの移動線を描きます。移動時間が多いと仕事をした気にはなりますが、身体的に疲れるだけです。自分から取引先ごとの訪問時間を設定するようにしてみて下さい。かなり改善できます。商談や打ち合わせ時に次の日程を決めていくという方法をとるだけでも随分とムダな移動時間は改善されます。

③の最も効果的な短縮方法は、社内会議や打ち合わせは立ってしましょう。座ってする会議や打ち合わせは、どうしても長くなる傾向にあります。

④は、こまめに処理をするという方法をオススメします。

⑤は優れた企画書・提案書を共有化する・真似るという事が時間短縮を可能にするように思います。これは提案の質を上げていくことにもつながってきます。

いずれにせよ、移動時間、内勤での作業時間を削減し、取引先との商談・打ち合わせに費やす時間、取引先との商談・打ち合わせの準備に費やす時間、つまり「実質の営業時間」を一分一秒でも多く創り出していくことです。右記はアイデアに過ぎません。もっと考えてみましょう。

ムダな時間を削減できてきたら、営業時間を増やす事と共に、彼氏や彼女・家族と過ごす時間も増やしていきましょう。

「やる気」「情熱」が何よりも一番

商品知識力、提案力やセールス技術力は、営業の基本中の基本で必須のものです。それよりも最も大切なのは〝やる気〟〝情熱〟です。これは、人を動かす源、あらゆる難局を乗り切る力です。

どんなに豊富な商品知識よりも、どんなに優れたプレゼンテーション能力があっても、〝やる気〟が伝わらないと、誰も感動させることはできません。得意先から「この人となら、心中しても良い」「ぜひ一緒にやりたい」と思われるような〝やる気と情熱〟がなければ何も進みません。

特に、若い営業マンは商品知識やセールス技術やプレゼンテーション力も、まだまだ途上で当たり前です。そんな事よりも、やる気や情熱は人の心を揺さぶるものです。人と人が付き合っていく一番大切なものではないでしょうか。

営業は多くの人に出会える楽しい仕事です。是非、多くのご縁を大切にして欲しいと思います。

繊細・緻密・細心。だけど大胆に

魅力のある商売人、できる商売人は、皆さん個性的ですが、共通しているのは繊細で緻密、細心でかつ大胆だという事です。私は、今まで素晴らしい商売人・経営者にたくさん会ってきましたが、皆さんに共通しているのが、このことだと思います。雑な方は居られません。無神経な方も居られません。人生はこれからという若い営業マンには、そんな繊細さ、緻密さ、細心さ、でも、いざという時の行動は大胆、スピード感も半端なものではありません。お手本にして欲しいと思います。

全国に輸入食品とコーヒーの店を直営で４００店舗近くも展開するＫ社。どの店もワクワクドキドキ・路地裏の宝探しのような店ですが、そのＫ社のＯ社長も、そのお一人です。あの人柄だからこそ、女子体育会のような会社・店舗を束ねられるのだと思います。

義理・人情・恩義は、人の道

忘れていけないのは「恩義」、欠いてはいけないものは「義理」、人に与えるものは「人情」です。古いと言われるかもしれませんが、これは人として生きていく鉄則です。取引先と協業的な取組みをしていく上にも必要絶対条件だと思います。

例えば、お世話になった方が異動されたら、その異動先まで必ず訪問すること。特に、明らかに左遷だと思われる人事異動は尚更の事です。まったく商売とは関係なくとも、異動したところで新しい何かを見つけられるかもしれません。サラリーマンであれば異動はつきものです。どこでどうつながるかわかりません。

最もしてはいけないことが、異動された瞬間から掌を返すように、取引先リストからも除外してしまう行為。こんな姿勢の営業マンとは、同じ船に乗りたくないですね。

魅力ある人は取引なくても付き合え

人生で出会える人の数はたかがしれています。狭い日本で同時代を生きているとはいえ、一億二千万人の全ての人と出会うことはできないでしょう。だから、出会いは大切なのです。刺激をもらえる人、元気をもらえる人とは積極的にお付き合いしましょう。仕事や商売とは全く関係なくても、魅力的だと思う人と付き合っていくと不思議と仕事の仕方や取組み方に良い影響が出てきます。知らず知らずに良い影響を受けているからだと思います。そしていつか、あなた自身が他の人に良い刺激を与えられる人、元気を与えられる人に成長することができます。

また、良いお付き合いは、どんどん広がっていきます。世の中は面白いものです。思うような成果が出せず凹んだ時は、自分は営業に向いてないと決めつけないで、全く仕事とは関係なくても魅力的だと思う人とどんどん会いましょう。毎日遅くまで残業していては、素敵な人との出会いはないですよ。会社の中だけの人生は寂しいですよ。

あきらめなければ成功をつかめる

私は「あきらめ」が良い方ではありません。

世の中、思い通りにならない事の方が多いですよね。何度も何度も足を運んで行くのに見向きもしてくれない取引先や「おはようございます」と挨拶しても無視するような取引先もあるかもしれません。やっと、商談にこぎ着けても一言も話をしてくれない取引先、何の反応もしてくれない取引先もあるでしょう。わざと競合他社の営業マンと和やかに話をしているところを見せつける取引先もあるかもしれません。これ、私の実際の経験です。

あなたも似たような経験をされたことがあるのではないでしょうか？　本当に凹みそうです。本当に挫けそうになりますね。

でも、諦めちゃいけません。念じていれば花が開くこともあります。多分、諦めないで念じるということは自分自身を励ますということなのかもしれません。

商品も直ぐ諦めちゃだめです。商品を育てようという取引先が少なくなってきていますが、一緒になって諦めちゃダメですよ。

私が社会に出て3年か4年くらいのこと、取引も無いのに、ほぼ毎日、事務所に顔を出すD印刷会社のMさん。坂上二郎さんそっくりの方で、鹿児島の中学を出て工場で活字をひろっていた苦労人です。でも、当時はD印刷の競合であるT印刷が殆どの仕事を受注していました。T印刷の営業マンは、とても細かな対応をされる方で、しかもイケメン。本当に信頼できる頼りになる営業マンでした。

ある日突然、そのT印刷の営業マンは家業を継ぐ為に退社される事になりました。その後のT印刷の営業はどなただったか記憶にありません。必然的な流れで皆とのコミュニケーションも既に出来ていたD印刷のMさんに発注が集中しました。その年の社長賞に輝いたそうです。その後、D印刷で部長にも昇進されました。「コツコツしつこく元気よく」というフレーズは、UCCの上島会長の名台詞ですが、まさにMさんは、「コツコツしつこく元気よく」を地で行かれる営業マンでした。けして男前でも一流の大学を出られた訳でもありません。Mさんは今でも私の営業の師匠です。

「やらなければならない」ならすぐ着手

どうせやらなくてはならないことなら、即、始めましょう。後回しにすればするほどバタバタの急ぎ仕事になってしまいます。その仕事の質や精度は決して高いものにはならないでしょう。いつもバタバタ、それがあなた自身の仕事の進め方になってしまいます。

ムダな時間を削除していく工夫や改善を怠って、「時間が無い」とか「忙しくて、やっていられない」なんて言っているだけでは何も変わりませんよね。不平不満しか残りません。

生き甲斐とか働き甲斐は、他人や会社に与えられるものではありません。あなた自身の仕事の取組み方を変えていくことで掴むものだと思います。掴めるものだと思います。

約束した時間を守る

ブランディングセールスの約束事の一つは、約束した時間・納期は必ず守るということです。時間や納期を守る事が取引先の信用・信頼を得られる条件の一つだからです。いくら質の高い仕事をしていようと、約束の期日を守らないと何にもなりません。取引先の期待が大きければ大きいほど、その落胆する落差は大きいと思って下さい。

時間を守る事で、もう一つ。アポイントの約束時間は絶対に守って下さいね。これはブランディングセールスと言うよりも社会人としてのマナーなのです。取引先は、わざわざ、あなたの為に時間を空けてくれています。

20代の頃、取引先との約束時間は10時。私の到着時間は10時15分。「遅れました。申し訳ありませんでした」と詫びる私に「今後のあなたの為に今日の商談は中止にします。また、明日にしましょう。」と立ち去られました。この事から今でも約束時間の10分前到着が私の習慣になっています。

Column

ちょっとコーヒーブレイク④

コーヒーは農業です

　赤道を挟んで南北25度をコーヒーベルトと呼んでいます。コーヒー栽培には肥えた、水はけの良い火山灰質の土壌が必要で、年間を通じて平均した気温と適度の降水量、適度な日陰、冷気なども欠かせません。特に高品質なコーヒー栽培には、昼間の暖かさと夜の寒さ、つまり寒暖差も欠かせない栽培条件の一つです。種をまき、苗木を育て、順調に育って2～3年で小さな白い花を咲かせます。あっという間に散ってしまいますが、そこから緑色の実となり赤い実に育っていきます。コーヒーの苗木を植えて収穫されるまでには3年から5年の長い期間を必要とします。とても気の長い仕事です。

　UCCではジャマイカでブルーマウンテンコーヒーを、ハワイ島ではハワイコナコーヒーを直営農園で育てています。チャンスがあれば訪ねてみてください。

第4章　マーケットの数字を読んで戦略を立てよう

ターゲットを絞り込む

ターゲットを絞り込んで集中することが成功の確率を高くします。

協働し取り組んでいくブランディングセールスの確率を高くします。絞り込めば絞り込むほど持てる力を集中することができます。

新規開拓は特にターゲットを絞ることが大切です。ポテンシャルと獲得確率の高さで絞り込むことが成果のスピードを上げることになります。また、その絞り込んだターゲットが複数あれば、どこから攻めていくかの優先順位を付けること。

その反対が総花的にやる方法です。例えば、全国一律とか、全てのチャネルを対象にするなどが、総花的と言えるやり方ですね。今の時代、どこにも〝ヒット〟しません。高度成長時代の名残の施策です。ナショナルブランドメーカーは、未だにこの魔術から醒めないでいるように思います。

チャンスは現場にしかない

現場にしか「成長の機会点」はありません。

消費者が商品を買っている現場、消費者が購入している現場にこそ「次の成長」につながるヒントがあります。取引先の現場を観て「あ！ここをこうしたら買いやすいのに」とか「ここにこれがあったら楽しいのに」などというプラス発想でとらえることです。これが成長の機会点です。効果的な気づきも効率化につながる気づきもあると思います。それを「数値」に置き換えることがポイントです。取引先と協働していく上での目標数字になります。効果の金額測定ですね。

よく、「ここが問題！」「これが課題！」と捉えることがあると思いますが、これはネガティブな解決策になりがちで、それらを全て解決できても現場（取引先）のセールスは上がりません。

成長の機会点は、全て現場にあります。本社本部にはありません。消費者の接点である現場にしかありません。その成長の機会点を取引先と共有し、一緒に取り組んでいくこと、行動に移していくこと、これが協働・取組みの基本です。

消費者の接点である現場を知らずに本社・本部商談だけの営業マンをよく見かけます。消費者をワクワク・ドキドキさせる売り場や施策、やっぱり「この店がいいいね、また明日も来よう」「この商品が良いね。次に買うのも、この商品だね」と思って頂けるような売り場や施策の提案ができるでしょうか？　答えはノーですよね。

やっぱり現場100回。担当営業マンは担当する取引先の現場を常に観ましょう。成長の機会点発見、すべてはここから始まると思いませんか？

POSによる分析やメンバーカードによる顧客分析はどんどん進化してきています。わずか30年で完全に定着してきました。そこから仮説をたて検証し、その検証からまた新たな仮説を立てて検証していく。この繰り返しでスパイラルアップしていってこそ意味あるものになります。単なる数値だけで一喜一憂しないことです。その仮説・検証を共に行っていくのも協働・取組みの一つです。でも、現場100回。あなたの肌感覚で検証していくことを忘れないで下さい。データや数値だけからは得られない「成長の機会点」が見えてきます。

これは笑い話です。ＰＯＳ武装で有名なＣＶＳ業態のＴ社。女性の生理用品の購入は圧倒的に男性が多い。というデータが出てきました。そこで、Ｔ社のトップから「男性がもっと買いやすいデザインにすれば、もっと売れるはずだ。男性が買うことに恥ずかしくないような男性向けのデザインに変更せよ」との指示。指示されたＭＤはメーカーと相談し発売することになりました。結果はサッパリ。何故か？　Ｔ社のＰＯＳでは支払った方の性別を入力しています。男女で買い物をしても、お金を払う方の性別を入れていたので、女性がカゴに入れた生理用品を男性が支払えば、その生理用品は男性が買ったことになるのです。

当然、売れなかった男性向けデザインの生理用品は店頭から消えました。笑えるような笑えない話です。

その売れ残りの在庫は、どうなったのでしょう。ずっと気になっています。

１００分の百、１００分の一

日本全国どこに行っても同じ看板、同じチェーン店ばかり。もっと地方には地方の「色」が欲しいなぁと思うのは私だけでしょうか？　地方に旅していても道路沿いで見かける馴染みの看板は安心感と共に、旅の楽しみを削いで何か面白くないなぁと思ってしまいます。大都市への一極集中・地方の過疎化が進行する中でも地方で頑張っている会社は無性に応援したくなります。

そんな全国展開している会社は勿論ですが、数店舗展開の会社も店舗別にみると客層や利用される時間や売れる商品も違うはずです。何でも全国統一・全店舗統一の施策ばかりでは、当て嵌まる現場と当て嵌まらない現場との差が大きくなっていくばかりです。全店舗で展開する「１００分の百」と限定された店舗やエリアで展開する「１００分の一」を組み合わせること。「いつもの○○」と共に「今だけの○○」「ここだけの○○」「あなただけの○○」が必要なように、「この店だけの○○」「この地域だけの○○」が、より必要になってきているように思います。

正・反・合で交渉をまとめる

私は賛成（正）、あなたは反対（反）…。この間をとりもつ安易な解決方法は、〝お互いに妥協〟するという解決方法です。でも、これは必ずお互いに不満の種を残します。お互いに心からの満足感を持つことのできない解決方法だからです。

この妥協決着は取引営業スタイルの典型的な交渉方法ですが、取引営業スタイルのベテラン営業マンほど、必ず、この妥協決着の解決を行います。お互いに〝不満の種〟を残して。

ではどうすればいいのでしょう。

交渉に於いて取引先と自社の共通する「求めている目標や目的」を見つけることです。そして、その共通点を更に発展させ拡大させていく方法（お互いの目標・目的を達成できる方法）を見つけだすことです。それを共有することです。その共有した目標・目的に向けて協働して取り組んでいくことです。

若い営業マンの皆さんは、是非、この「正反合の交渉」を学んでほしいと思います。

数字は、結果でありドラマである

やるべき数値やノルマを達成するのは当たり前のことです。これは言い訳無用です。やるべき数値やノルマは予算編成時点で会社に約束した数字ですから、営業は決められた数値を達成するのが当たり前のことです。

「今月も何とか予算を達成しよう！」上司が檄を飛ばしている光景が目に浮かびます。この「今月の・・」という激が実は危険なのです。営業が今月の数値だけを追いかける・追いかけさせるとブランディングどころか正当に確保すべき収益も得られなくなっていきます。

概ね日々、営業マンが意識する予算数値とは、今月の売上数量・売上金額のことでしょう？　今月の売上数量と売上金額を何が何でも達成するのだという意識が強ければ強いほど、ムダ（営業マンは、そう思っていないでしょうが）な販促費が大きくなります。結果、売上数量・売上金額が達成できても収益は未達ということが多くあります。未達にならなくても、売上達成率の数値を下回る収益の達成率になっているのではないでしょうか？　営業マンは一生懸命にやっているのに。これではやり甲斐・働き甲斐、達成感は得られませんよね。

そこで営業時間の８割を３ヶ月先の数値になる仕事にあてることを心がけてみて下さい。常に３ヶ月先、３ヶ月先の数値になる仕事をしていくのです。今月だけの数値だけを追いかけるから余裕が生まれてこない。余裕が無いからバタバタ、ただ忙しいだけということになります。毎日忙しいけど達成感に乏しいという精神衛生上、最も好ましくない状況に陥ってしまいます。

取引先との協働・取組みをする営業スタイルに変えていくことが３ヶ月先、又はそれ以上先の仕事をしていく唯一の方法です。そういう動きを続けていくと、自ずと今月の数値は達成できるようになります。追いかけるまでも無く達成できるようになります。

数字は結果ですが、結果をもたらすドラマがあります。どうせなら。良いドラマを取引先と協働しながら・取り組みながら創っていきましょう。

数字は追いかけると逃げていきます。数値は追いかけるのではなく、結果として付いてくるものです。

戦略は「T（てってい）・T（てきに）・P（パクる）」でいこう

良いと思えることは、徹底（T）的（T）にパクッ（P）て、自分のものにすること。競合他社が行っていることでも、社内で誰かほかの人がやっていることでも、良いと思えることは徹底的に真似をしてください。こんなに世の中の変化が激しい中、のんびりと考えているよりも、遙かにスピードアップ、圧倒的な時間短縮になります。しかも成功事例を真似るのですから失敗するリスクも小さくなると思います。要は、真似て徹底的に自分のものにすることです。そうすると自分だけのオリジナリティになります。

真似るなんて・・と躊躇することなく正々堂々と真似ることです。ヨーロッパのカフェにヒントを得て、そっくりのカフェを日本で展開して成功したE社コーヒーショップ。その後も、この精神で米国のカフェや名古屋発のカフェを次から次と真似た業態を展開し事業を拡大させています。真似ることから「学ぶ」ことも多いという良き例だと思います。

進捗チェックをサボらない

良い計画を立てても進捗状況のチェックを怠ると、絵に描いた餅になることがあります。計画通りに進んでいるかどうか？　の確認を定期的に行うことを習慣にして下さい。状況変化に合わせて最適な軌道修正を行うことができます。遅れている要因を掴んで適切な対策を講じていく。遅れる事でのリスクを数値化して把握する。そうしないと最後は「まぁ、いいか」と「安易な妥協」をしてしまいます。この進捗チェックを意外と皆さん、できていないように思います。

取引先との協働・取組みを円滑に進めていく鉄則の一つは、お互いの役割を分担し、それぞれがタイムスケジュールの中で時間を守っていくことです。しかし、思わぬ事態が起こることは時としてあります。「人生、上り坂あり・下り坂あり」と言いますが、最も怖いのは「マサカ」です。この時に、その事態を包み隠さず情報共有し、対策を共に話し合い、お互いに助け合って、事にあたるという姿勢が最も大切なブランディングセールスの行動です。それが信用・信頼の源です。

「総量」では語るな

取引営業スタイル・御用聞き営業スタイルを行っていると、今月の数字だけを追い掛けます。そうです。今月の総量の予算（数量・売上金額）だけが頭にありますよね。これを達成する為だけの営業活動に集中します。だから、エリア別・店舗別に違う顧客にマッチした施策を展開するとか、どう客数をあげていくのかなどという協働的なテーマに取組んでいけなくなります。1社あたり、1店あたり、1日あたり、1時間あたり、1杯あたりなどという発想がなくなってしまいます。例えば、500店の外食企業Nでは、コーヒー1杯あたり12グラム使用して、1日1店あたり270杯売れています。こういう捉え方ができていれば、270杯を、280杯に伸ばすには、どういう作戦を打っていくか。これが協働・取組みのテーマになります。今月は総量40トンの売上を達成する。ということではないのです。

全国に100店のレストランを展開するN社。少し高めのフードメニューと比較してドリンクはコーヒーも含めてセルフのドリンクバースタイルでした。せっかく美味しい料理を提供しているのに、１杯あたり７g使用のあのコーヒーはない。料理の質にマッチしていないと考えた営業のI君。消費者として店舗を訪れ、そっとお客様の様子を観察するとドリンクバーでコーヒーを淹れるお客様は少ない。ヒアリングすると「コーヒーの香りも無いし、美味しくないけど炭酸飲料は嫌だし、仕方なくオーダーしている」とのこと。勘の良い方はおわかりですね。

コーヒーの原料品質を大幅にグレードアップし、一杯あたりの使用量も現状の７gを12gに変更（一杯あたりの店のコストは14円から30円にアップ）、併せて、一杯ごとに丁寧に抽出するコーヒーマシンでフルサービスへの変更を提案しました。テストの結果は１日30杯未満の杯数実績が１日１００杯と３倍以上に伸び、２倍以上の原価コストのアップも、杯数の伸びで店の売上も収益も大きく伸び、一杯抽出のコーヒーマシンの減価償却費までカバーしても余りある収益となり、テストに成功。他の店舗への導入が加速したのは言うまでもありません。取引先の売上・収益を伸ばすことがブランディングセールスの原則。結果として自社の業績を拡大させる。今月の数字だけを追い掛ける営業とは違うでしょう？

分析は「最小単位」で行う

数値分析の基本は、1社あたり、1店あたり、1日あたり、1杯あたり、のような細かな単位（最小単位）で分析することです。エリアごとの比較もエリアをできるだけ小さなエリア単位にして比較分析することが大切です。

なぜ？　だと思いますか？　それは、調査・分析は次のアクション、それも具体的で効果的なアクションにつながるものでないと意味がないからです。総量での分析では「あぁそうか」で終わってしまうことが多いように思います。そんな調査・分析や資料ほど時間の無駄遣いはありません。「だったら、こうしてみよう」という次のアクションに繋がることが大切です。

総量・合計での分析は、概ね正しい営業行動に結びつかないものが多いと思います。

商いの基本は「個」である

同じ看板のチェーン店でも、地域によって店舗によって顧客は違います。例えば、セブンイレブンは全国に１万５０００店もありますが、顧客は店舗によって違います。マクドナルドもモスバーガーも同じです。確かに、同じような志向タイプの顧客が集まるということはあるでしょうが、厳密に観れば、エリア特性や立地によって顧客は異なってくる。顧客ニーズは異なってくると考えるのが普通でしょう。

それを何でも全国統一の施策の提案ばかり行っていませんか。

商いの基本は「個」店です。

店によって場所によって客層もニーズも異なります。売れるもの買われるものも違うはずです。とにかく今月の数値ノルマを達成しないといけないと考えるから、大雑把な提案に終始してしまうように思います。営業の仕方が「雑」になってしまうように思います。

「週販」数字を鵜呑みにしない

主に春と秋に大きな棚替えがスーパーやコンビニエンスストアで行われます。その棚替え変更時期にはメーカーの新製品がたくさん新発売されます。

そんな時期には「今度の新製品は、○○コンビニエンスでは週販何本売れているのか？」と、その数値で一喜一憂している光景をよく目にします。あなたの会社でも、そうだと思います。予測以上の数値だと増産の検討、需給体制の見直しが必要ですし、予測以下だと販路の拡大とその方法についての検討など行なう為に商品の週販数字を意識して当然だと思います。

しかし、週販数値で定番採用継続か定番カットかという小売業（特に、コンビニエンスストア）の判断基準に合わせて営業マンも〝売れる商品・売れない商品〟と判断してしまってはいないでしょうか。非常に大きな危機感を感じます。

定番カットされる商品も、多くの消費者に買われていた商品である事実を知るべきです。例えば、定番カットが想定される週販10個の商品も5000店舗で取り扱われていたと仮定すると、一週間に5万人の消費者に買われていた商品なのです。この5万人は小さな数字でしょうか？

週販は平均の数値です。１０００店、１万店のチェーンでも、そんな週販数字の店はわずかの店舗しかありません。あくまで平均値に過ぎないのです。エリアによっては「平均の週販数字」を大きく超えているエリアもあるはずです。店舗も同様です。先ず、売れているベスト10の店舗を調べ、客層や立地の確認と共に買われた消費者へのヒアリングを実施してみて下さい。その商品を買われるロケーションや立地、購買理由も肌感覚で見えてきます。それが商品に一番マッチ（商品の持つコンセプトに合致）するロケーションや立地ということです。

次に、支持されているエリア（売れているエリア）に絞り、同じようなロケーションや立地にある他のチャネルや店舗に配荷を徹底し、消費者に商品を知って頂く活動に集中していく。良さを伝えていく活動を徹底していくことです。

メーカーは常に新たな市場を創っていくことが使命です。その基本は「育てる」ということです。この「育てる」ということを忘れたメーカーはメーカーではありません。週販数値を判断基準にして鵜呑みして諦めていては商品は育ちません。

レトルトカレーで有名なO食品。Y製パンと同じく私の尊敬するメーカーです。

Ｏ食品は発売した商品が世の中の定番になるまで決して諦めません。メーカーは新たな需要を創ること。その原点は「商品を育てる」ということ。この原点がブレない、崩れないメーカーです。だから、諦めない。日本国民全ての人に試飲試食させるのではないかと思うほど、徹底して消費者ダイレクトでのプロモーションに取り組まれるメーカーでもあります。そのＯ食品のレトルトカレーはレトルトカレーの草分けの商品です。それが今、調剤薬局の売店商品として注目されています。調剤薬局は通常の薬局よりも滞在時間が長くなります。その待ち時間が商品との接触機会を高めます。通常、売られているのはマスク・のど飴などですが、その中に「Ｏ食品の低カロリーレトルトカレー」。低カロリーという時代の要求を自社の得意技術をクロスさせて・・売れているそうです。価格訴求で自社ブランドを傷つけることもない販路で、しかもＯグループの得意のチャネルである製薬ルートを活かし相乗効果をあげている成功事例の一つです。消費者の生活行動にある点（ポイント）に商品を配荷させていく新たな販路を開拓していく成功事例の一つでもあります。

「なぜ?」をつねに問い続ける

　この商品は、何故売れたのか？　何故売れなかったのか？　この施策は、何故成功したのか？　何故、成功しなかったのか？　徹底的に検証して、考えて、要因と背景を知ること、掴むことが次の商品や施策の成功確率を高めてくれます。小さな子供が、「なぜ?なぜ?なぜ?」を矢継ぎ早に連発してきますよね。あなたもその「なぜ?なぜ?なぜ?」を納得できるまで繰り返すことです。中途半端でわかった顔は禁物です。その「なぜ?」を繰り返すことで仮説が生まれてきます。そうしたら、その仮説をまた検証する。この繰り返しをすること。このことが協働・取組みの質を高めてくれます。スピードもあがってきます。

　小さな子どものように、好奇心をかき立てて考えてください。商品にしても施策にしても、あっと驚くアイデアが出てきます。

仮説と検証で、成功が近づく

仮説と検証の繰り返しが成功確率をアップさせます。その仮説と検証の繰り返しを取引先と協働して取り組んでいくと、取引先との関係密度は自然と深まっていきます。そうなると、スーパーの棚割プランもMDと一緒に作るようになるでしょう。外食企業では新たなメニュープランにも参画していけるようになるでしょう。仮説を立てるという行為はブランディングセールスの基本でもあります。

上島珈琲店ペットという商品があります。少々高めのプライスですが、とても質の高いミルクリッチな優しい味覚で、女性でも軽く持てるスリムなボディ、また小振りのトートバックに入れても商品が飛び出さない可愛いサイズの商品です。CVSの週販で見ていくと、そんなに高い数字ではありませんでした。これを細かく分析していくと住宅街立地では低スコア・駅周辺や駅ロケーションでは非常に高い数字でした。顧客分析では都市部の女性の構成比が高い。そこで、仮説は女性の通勤通学途上のロケーションに配荷を集中させると高い回転率を得られるということです。仮説通り、駅の売店や自販機では売れ筋トップの数字を示しました。都心に限らず、駅ロケーションを狙うという施策展開にもつながりました。女子高や女子大、ＯＬさんが乗り降りする駅の店舗を中心に展開したことが功を奏したのです。

また、徐々に購入される顧客に男性が増えてきました。しかも、20代の男性です。そこから、若い男性はブラックコーヒーよりもミルクコーヒーを好む嗜好に変化しているのでは？　という新たな仮説が生まれてきます。

そこで別の販売チャネルである若い男性客層の多い外食企業と男性の少ない外食企業に対してミルクリッチなメニューを充実してみようという提案につながります。また、あらゆるタイプ（動物性・植物性／乳脂肪別／ローファット）のミルクを選択させる方法も検証してみる。これも取引先への新たな切り口の提案となりますね。

この仮説・検証の繰り返しが、成功確率を高めると同時に、協働・取組み営業を深めていく行動なのです。

ベスト10とワースト10を比べる

鳴り物入りで新商品が発売されます。事前の消費者テストでも大好評。80%以上の消費者がぜひ購入したいと答えています。パッケージ評価も味覚評価も高得点、テレビ広告も大量投入する意思決定がなされ、大手流通各社へのプレゼンテーションでは各社とも、ぜひ採用させて欲しいとの反応。急遽、製造計画も見直され量産体制も完了し、品切れのペナルティを取られる心配もありません。営業部門は久々のヒットの手応えに沸き返っていました。

そして待ちに待った発売日。事前に多めの数量を代理店に納品していました。発売一週間は導入店舗数も多く、週販数字は予測を若干下回っていますが悪い数値ではありません。二週目は一週目を少し上回った週販数字。三週目から・・週販は下がり気味、導入店舗数が減少してきました。四週目の週販数字は少し上がっていますが、導入店舗は発売当初の半数以下。帰り注文が無いということです。総量では大きく計画乖離を起こしています。そして、五週目には定番採用カット通告となりました。まだ、テレビコーシャルは流れています。在庫は山積みです。

よくある光景ですね。さぁ、あなたならどうします？ 売れないのは商品が悪いからだと社内評論家の一人になりますか？ 売れない商品を開発したマーケティング部門に問題があるのだと逃げ出しますか？

営業マンの気持ちはよくわかります。これから敗戦処理が始まり、その殿戦(しんがりせん）を担当するのは営業マンですから。大手流通各社との気持ちが落ち込む商談が待っています。こんな商談は凹みますよね。代理店からの返品処理問題もあります。会社からは他の販売チャネルへ売れ！ という激が飛ぶでしょう。

こんな話は珍しい話ではありませんよね。でも、繰り返さない方が良いに決まっています。

商品が売れる、売れないには理由があります。それは事前の調査ではわかりません。事前調査ではよほどのことが無い限り低スコアにはなりません。

流通企業の週販基準に合わず定番採用カットになる商品も、エリアによって数字は違います。エリア別の週販数字を分析してみて下さい。最も売れているエリアを見つけることができます。

次に、導入された全店舗で週販数字の高いベスト10の店舗を見つけて下さい。併せて、全く売れていないワースト10の店舗も見つけて下さい。ここまでは本社本部のPOSデータなどで掴めます。

ここからすることはデータ分析ではありません。売れているベスト10の店舗・売れなかったワースト10の店舗を現場に行って観ることです。特にベスト10の店舗には共通する点が必ずあります。その共通点の発見が、その商品を市場で蘇らせる成長の機会点です。分析はパソコンだけでするのではありません。数字だけで分析するものでもありません。生きた現場を観ることが基本です。

ベスト10の店舗を観ると立地や環境、客層などの「その商品が売れる共通点」が掴めます。お店の方にもヒアリングしてみると数字だけでは掴めない「売れている理由」が掴めると思います。その「売れる共通点」「売れている理由」に合致する場所を見つけてその商品を配荷していく。共通点のある場所への「横振り展開」に注力していくのです。売れているエリアでそれを行うことが最も成功確率を高めます。

新商品は既存のメイン販売先を優先して導入・配荷することが一般的ですが、

これが販売チャネルミスを起こす原因であることが多くなってきているように思います。商品のコンセプトに合ったチャネルや取引先に配荷するという基本に立ち戻る必要があるとも思います。

今、コンビニエンスストアで行われている抽出されたコーヒーの販売はセブンイレブンでは10年以上も前から店舗を限定して取り組まれていました。一番売れている店舗は北海道の片田舎の道の駅にある店舗でした。なぜ？　その理由を現場で観る為、ＵＣＣの上島会長はその店舗を訪問。「その店では来店されたお客様全員に〝美味しいコーヒーが淹れ立てですよ〟と元気に声を掛け、オススメを励行されていた。やっぱり、商いは現場を観ないとアカンなぁ」・・現場を観ていなかった私は恥ずかしい思いで一杯でした。教わることの多い、学ぶことの多い上島会長です。

Column

ちょっとコーヒーブレイク⑤

焙煎で発揮される「コーヒーの力」

焙煎前のコーヒー生豆は、いわば宝石の原石のようなものです。そのなかには独特の「色」「味」「香り」を生み出す成分（前駆物質）がぎっしり詰まっています。それらが焙煎による加熱反応をすることで、おいしいコーヒーへと生まれ変わるのです。前駆物質が焙煎によって生成する香気成分は、現在確認されているだけで約800種類。それらが混ざり合い、リラックス効果の高い魅力的な「香り」になるのです。焙煎によって微妙な違いを楽しむことができます。

コーヒー豆は焙煎の熱反応により成分の変化・組織変化をしながら、コーヒー独特の成分を生成し、生まれ変わります。そして、私たちを魅了する1杯のコーヒーになるのです。UCCのハワイコナ農園では焙煎体験もできます。ハワイ島に行かれるチャンスがあれば、ぜひ立ち寄っても楽しい思い出になるでしょう。

第5章　今日からできる業績アップへの工夫

対策は「固有名詞」で考える

全国統一の消費者キャンペーンは、よくある販促手法ですが、その効果はだんだん薄れてきているように思います。「もののない高度経済成長期」の遺物のようにも思います。

全国統一の販売チャネル向けの施策や販売キャンペーンも同様に効果は薄れています。全国を統一して行うことがそぐわない状況になってきていると思います。量販店対策とか卸店対策ということも同じです。総花的な手法が通じなくなったということです。少くとも、チャネル対策ではなく、企業名（固有名詞）ごとに対策を考えていくことが基本です。

また、同じ量販店でもAチェーンとBチェーンは立地も環境も客層も違います。同じAチェーンでも店舗によって立地も環境も客層も違います。できるだけ細かな「個」単位に落とし込んで対策を講じていくことが非効率・遠回りのように見えますが、一番成果に結びつく方法です。

強みがあったら、それをもっと強く

強み？　私の会社にも私にも何も無い？　そんなこと言わないで。どんな会社にも、勿論あなたにも強みは必ずあります。一度、私の会社の強み（良さ）は何だろう？　私の強み（良さ）は何だろう？　Ａ４用紙に書き出してみて下さい。必ず、見つかります。競争優位に立てる強みならベストです。

決してしてはいけないのは弱点補強という考えです。例えば、子どもの通信簿。苦手な科目のことばかりうるさく言って、勉強しろと叱ってもやる気は出ません。できる教科（＝得意な教科、好きな教科）を徹底的に学ばせ得意中の得意科目にさせることとです。そうすると、その得意科目が更に得意科目となって、苦手だった科目も得意科目に牽引されて全体的に成績が上がってくるものです。好きこそものの上手なれ…です。仕事も同じで「得意なのはこれ」「ここが強いね」「だからもっと強くしよう」と考えていけば楽しくなりますね。弱いところばっかり取り上げていたら滅入ってしまいます。あなたの会社もあなたも必ず「強み（良さ）」があります。

費用対効果は、リターン次第

費用対効果は、費用として使う絶対金額の大小のことではありません。このことは予算制度や稟議制度がキッチリしている会社ほど徹底させる必要があるように思います。

例えば、（A）10万円使って100万円の効果に結びつくこと（B）100万円使って1000万円の効果に結びつくことがあれば．あなたはどちらを選びますか？

答えは（B）100万円使って1000万円の効果を得る方を選ぶ方が良いに決まっています。費用対効果の原則はリターンの大きさで判断するからです。実施の効果が少ないことがわかっていても、予算に縛られ費用を抑え行うことは例え一円でも無駄遣いです。やらない方がましだと思いませんか？

また、「予算がない」という言葉はよく耳にする言葉ですが、例え少ない予算でも最大限の効果をあげることを考え、賢い使い方をするということです。

最小費用で最大効果を上げる。これが費用対効果の鉄則です。

先に効果を考え、後で効率を考える

期待する効果が未だ出ていない段階で、コスト削減も含めた効率化に走ることは愚の骨頂です。まさに、獲らぬ狸の皮算用になります。

先に効果をあげることを考えるのです。効率はその後。効果が出たら更に効果を上がるにはどうしたらいいかと考えるのです。効率を考えるのは、この後です。効率を先に考えていたら、出るべき効果も出なくなります。

例えば、輸入食品とコーヒーの店K社。どこのお店も店頭でコーヒーの無料体験ができます。K社おススメの味覚はパウダーミルクと砂糖を入れたオリジナルブレンドのコーヒーです。カップにコーヒーを入れ、砂糖を入れ、パウダーミルクを入れてお客様に渡します。スリーステップのオペレーションでした。そこで営業担当のK君。パウダーミルクと砂糖をプレミックスした商品を提案。即、採用です。今では試飲用以外に店舗でも取り扱われる商品に育っています。これも先効果・後効率の成功例と言えるでしょう。

赤字商売は「罪悪」である

赤字商売は罪悪です。赤字からは何も生まれません。ただ単に不健康なだけ。「この赤字商売は営業の戦略です。」と平気で答える営業マンもいます。赤字に戦略も戦術もありません。

ある会社の話ですが、取引先の管理を数量と売上高・原価を引いた粗利益高で行うことを常としてきました。当然、売上高上位・粗利益高上位の取引先には厚い営業施策を展開していました。会社のトップも時折、菓子折持参で陣中見舞いを欠かしませんでした。下位の取引先は現場任せでした。ある日、その会社が取引先別に要した販促費用や諸費用をリンクさせるシステムを開発し、実際の取引先別に当てはめて一覧表にしたところ、売上上位の取引先には大きな販促費や諸費用が予想外に出ており、ベスト10の殆どが赤字での取引となっていました。売上下位の取引先には大きな販促費が出ていませんので殆どの下位企業は黒字取引でありました。もっと驚くのは一番粗利益率の低い取引先が一番収益を稼げていた取引先でした。これは捏造ではなく本当の話です。笑い話でもありません。

あなたの会社ではどうですか？　あなたの取引先ではどうでしょう？

商いは「あきない＝飽きない」ですから永遠に続くことが理想です。期間限定のものではありません。だから赤字では続かないから赤字商売は罪悪なのです。

取引先別にＰＬ管理すべきです。数量・売上・原価・粗利だけではなく、当該会社に対して明確に把握できる販売促進費・リベート、物流費も含めて、その段階での収益管理をしていく必要があります。人件費や賃料などは一定基準で応分按分して、取引先別に営業利益額・営業利益率を把握してみてください。赤字商売がどういうものかの実際が分かってきます。

粗利益率は低いにも関わらず、販促費などがかからずに営業利益は大きいという取引先もあります。逆に粗利益率は高いのに、費用が膨大で、営業利益はマイナスになっている取引先もあります。赤字商売というのは営業利益が赤字だということです。肝心なのは、取引先別ＰＬ管理です。仕組みを作りましょう。

これは管理部門にさせてはいけません。あくまで担当の営業マンが把握できる仕組みにする必要があります。

世界地図を逆さまに見てみよう

世界地図を見たことがありますよね。日本はどこにありますか？　アメリカは左ですか？　右ですか？　おそらく、日本は真ん中で北海道は上（北）、アメリカは右（東）と答えると思います。でも、日本は英語では極東でしょう？　真ん中なのに東？　あなたの記憶している地図は日本限定の地図です。世界で使っている地図ではありません。日本が真東に載っている地図を手に入れてみて下さい。アメリカとヨーロッパがとても近いことがわかります。

更に言えば、どちらの地図でも良いので、その地図を逆さまにして見て下さい。更に違った世界が見えてきます。学校や会社で教えられ学んできた常識を一度ご破算にして疑ってみて下さい。頭の中にある常識（＝固定観念）から新たな市場を創造する閃きやアイデアは生まれてきません。

世界地図を逆さまに見てみましょう。

マーケットの変化は俯瞰で観る

俯瞰《ふかん》という言葉を知っていますか？　高いところから下を見るという意味です。高いところから下を観ると下の様子や状況が客観的によく見えます。マーケットは俯瞰で観る。俯瞰で観るからマーケットの変化にも気付きます。

長い間、食品業界、特にコーヒーを扱ってわかってきたことですが、食の流行は外食業界から新しい芽が芽生えてきます。そこから家庭の食卓にのぼっていきます。更に、外食業界で熟れてきて、家庭用の商材としてメーカーが商品化。一定の単位(＝自社の販売量が製造ＬＯＴを上回る)になると流通各社のプライベートブランドの展開が始まる。

特定のチャネル別に営業組織を区分けしている会社の営業マンは、なかなか俯瞰で観ることが難しいように思います。マーケットというと担当チャネルに限定した見方をし、大きなマーケットの変化や流れが掴めないようです。

皆さんには、是非、マーケットを俯瞰で観るように心がけて欲しいと思います。

「壁」に引っ付かず、離れて見る

若い営業マンを観ていると取引先との商談や商談の為の準備、資料作成などに必死で余裕がありません。研修期間で学んだことなど役に立たず、それでも会社を代表して取引先に接しているのですから余裕が無くても無理もありません。むしろ、よくやっていると思います。でも、前述の「俯瞰で観る」までに至らずとも、一回、冷静にあなたの取引先を少し離れて観ることをオススメします。

取引先を「壁」だと仮定します。あなたの担当している壁は大きいですか？　それとも小さいですか？　分厚い壁ですか？　薄い壁ですか？　高さは高いですか？　低いですか？　もっと突っ込むと、その壁はどのような素材でできていますか？　そういうことを理解するのが取引先を知るということです。取引先を知らないと叩き壊せるのか、攀じ登れるのか、それとも遠回りして迂回すべき壁かがわかりません。職位が高くなればなるほど、遠くから離れて観てください。

見る角度を、ちょっと変えてみる

物事を見る角度を少しだけ変えて観ると、意外な発見をすることがあります。いつも同じ見方・定点観察することも大切ですが、気分転換で観る角度を変えて観ましょう。

コーヒーには輸入統計というデータがあります。どこのコーヒー生産国からどのくらい輸入したかを月次で確認できます。私はヨーロッパやアメリカ、アジアなどのコーヒー消費国が、どこのコーヒー生産国からどのグレードの生豆を輸入しているのかという角度で輸入統計を観ることをルーティンワークにしていました。長く観ていると、コーヒー生豆の輸入は、その消費国の経済・景気とリンクしていることに気付きました。景気や経済が悪くなると輸入されるコーヒー原料のグレードは下がってきます。逆も真なり。景気が良くなるとグレードが上がってきます。

つまり、「コーヒー生豆使用グレードから、その国の経済状況が見える。」本が書けそうなタイトルです。

マーケットは自ら創るもの

メインの販売チャネルや取引先で商品が定番採用カットになると、それだけでその商品を諦めてしまう。新規開拓候補先で一回や二回断られただけで「あそこはダメです」と諦めてしまう。未だ、協働も取組みも始まってもいないのに・・・メインの販売チャネルや取引先が全てではありません。そこで定番カットになっても、どこからでも変化やウネリを起こしていけると思います。

あなたがメーカーの営業マンなら尚更のこと。メーカーは新しい需要を創り出すことが仕事ですよね。その原点は「商品を育てる」ということです。

「マーケットは自ら創る」「変化は自分達が起こす」くらいの気概が欲しいと思います。

UCCに「缶コーヒーブラック無糖」という商品があります。もう20年以上も前に開発した商品です。当時はビールメーカー各社による缶コーヒーの開発ラッシュで、広告投入量も半端なものではありませんでした。世界で最初に缶コーヒーを発明した先発UCCも押される一方という状況でした。当時はコーヒー感は強いがミルクティストの商品が主流。ブラックという商品は世の中にありませんでした。

自社の強みは「カップからコーヒー産地までを垂直事業展開している」コーヒーのプロであること。ミルクも砂糖も使わないコーヒーの味覚だけで勝負。コーヒーの抽出も３温度に分けて行う（製造特許）こだわりの抽出にしました。喫茶店でコーヒーをブラックで楽しまれる人達が増えてきたことを頼りに、コンビニエンスストアＳ社のＭＤとも協働し長野でテスト販売して検証の上、全国展開に持ち込むことができました。これが世界で初めてのブラック缶コーヒーの開発物語です。

それから、あらゆる飲料メーカーがブラック缶コーヒーを市場に導入。既存のミルクティストの缶コーヒー市場とは一線を画す新たなブラック缶コーヒーという市場が形成されていったのです。その後、ＵＣＣは缶コーヒー製造に使用することが常識である「香料」も一切使用しない仕様変更を行い現在に至っています。

若い営業の皆さんにも「マーケットは自ら創るもの」「変化は自分達が起こすもの」くらいの気概を持って欲しいと思います。

Column

ちょっとコーヒーブレイク⑥

コーヒーカップで味が変わります

コーヒーカップには縁の広がった形状のカップと真っ直ぐな形状のカップがあります。また、縁が薄いものと厚いものがあります。

縁の広がったコーヒーカップには酸味の強いコーヒーが向いています。縁の真っ直ぐなコーヒーカップには苦みの強いコーヒーが向いています。これは人の舌の表面にある味細胞（味蕾）が関係しています。

縁の広がったカップで飲むとコーヒーが口の左右に広がり、舌の左右にある酸味を感じる部分を刺激しやすくなります。一方、縁の真っ直ぐなカップでコーヒーを飲むと舌の奥にある苦味を感じる部分にストレートに届きやすくなるという訳です。

第6章　強い「チーム」にする
これが鉄則

強いチームは「個」が強い

会社も組織も人次第、そして営業も「人」次第です。強いチームは属する個人個人が「できる！」組織・チームのことです。

個人個人が「できる！」とは「営業マン偏差値」が高いということです。やる気・情熱をもって、専門分野の知識に精通し、取引先と協働・取組みができる人のことです。こんなことは無理だと諦めないでください。

自社のセールスを上げさえすれば良いとか今月のノルマが最優先などと考えないことです。取引先のセールスの上がることを営業活動の基本にして、取引先の現場から「成長の機会点」を見つけ、取引先と役割分担で協働していく取組みの提案を行い、実行していくことを続けていたら、自然に「ブランディングセールスとしての営業偏差値」は上がっていきます。専門分野の知識の習得を怠ってはダメですよ。

もし、専門分野で資格制度があれば、是非ともチャレンジされることもオススメします。

コーヒーにも世界的な資格制度があります。ブラジルの珈琲鑑定士とかアメリカのスペシャルティコーヒー協会の主催するＱグレーダーなどです。コーヒーの知識だけでは無くカッピングなどもテストされますので、とても難しい資格です。ＵＣＣが最も資格取得者の多い会社です。

その世界資格を取得するには、ＵＣＣ社内のコーヒーアドバイザー試験に合格しないと進めません。実は、これが超難関。年に1度、テストが実施されますが、受験者の合格率は一桁の％です。

いつしか、資格取得者がリーダーとなって希望者をトレーニングしていく「朝練（始業時間前に自主的に集まる）」が東京本部で週一に行われるようになってきました。お兄さんお姉さんが弟や妹の面倒をみるようなスタイルです。その朝練参加者から合格者がたくさん輩出されるようになったのは言うまでもありません。他の地区でも「朝練」がスタートしていきました。「やれ！」と命令した訳ではないのですが、自然発生的に。世界資格取得者もどんどん出てきています。

組織の偏差値を上げる

個人個人の力量・レベルアップと同時に、組織・チームとして「事にあたっていく力」を磨いていくことが必要です。上長は担当者を支援していくこと、組織・チーム内で成功事例や提案書などを共有し、ムダな時間の削減による営業時間の創出など組織・チームで取り組んでいくようにして下さい。

ブランディングセールスは自社の担当者と取引先の担当者との協働・取組みが基本であると同時に、部門対部門、会社対会社の協働・取組みにしていくことではじめて大きな成果を生み出します。

部門としてしっかり取り組めているか、会社としてしっかり取り組めているかどうか。これが担当者の力になります。後押しすることになります。営業マンが前線（取引先との協働・取組み）に集中できるように会社も組織も強力にバックアップしてあげることです。

上司への報告用の会議はやめる

報告会議のような会議に時間を割く会社や組織は好ましいはずがありません。ましてや営業部門で「部下からの上司への報告会議」「上司が更に上の上司に報告する為の会議」に本来の営業活動に充てるべき大切な時間を割いている営業部隊に成果は期待できません。まさに上司を頂点にするピラミッド組織。もっと営業マンが前線に注力できる体制にしないと取引先との協働や取組みは進められません。即、報告だけのムダな会議は中止して下さい。どうしても必要な場合は週一回、１時間以内に終了させる。立ってやる会議という方法もあります。

上司は営業マンが帰社したら今日の状況をヒアリングする。起こった出来事の対策を一緒に考え、上司は適切な指示を行う。ＰＤＣＡのサイクルを回すことが効率よく効果を上げていく方法だと思います。

営業マンのあなたは、帰社したら上司に今日の出来事の相談をすることを習慣にして下さい。

E型対応だけでなくX型対応が必要

会社は組織ですからトップからマネジメント、担当役員、部課長、担当者など等の階層があります。基本は担当者と担当者です。担当者同士でコミュニケーションを深めていく。協働・取り組みの芽を創っていく。これが基本です。

これを更に深耕させていくのが、担当者の上司を巻き込み、上司同士でコミュニケーションを深めていく。更に、上司の上司同士でコミュニケーションを深めていく。そうすると、お互いに「E」という文字のようなコミュニケーションの形になります。これが「E型対応」です。

もっと更に、協働・取り組みを深めていく方法が「X型対応」です。例えば、自社のトップ・担当役員と取引先のトップと担当役員が、更に突っ込んだ意思の疎通を深めていくこと。自社の担当役員と部課長が取引先の担当役員と部課長、そして自社の部課長・担当者と取引先の部課長・担当者でコミュニケーションを深めていく。自社と取引先で「X」という文字が重なっていく対応の仕方です。

お互いの協働・取り組みが深まっていくと自然に「X型対応」になっていきま

す。関係密度が深まっていくという表現でも良いでしょう。

若い営業の皆さん、上司はどんどん使いましょう。上司はそれが仕事なのですから。トップだって担当役員だって引っ張り出しましょう。皆さんが担当している取引先で仕事がしやすくなります。取引先の担当者も仕事がしやすくなります。

趣味・遊び、天候の話しかできない上司だと逆効果になることもありますので、上司もしっかり取引先を把握し、専門知識を磨き、恥ずかしくない上司になっていただきたいと思います。いずれにせよ、上司は使い倒したら良いのです。X型対応で「楔」を打ち込んでいきましょう。更に協働・取り組みが深耕していきますので、成果を上げるスピードが加速していきます。

トップダウンが良いかボトムアップが良いか？　どちらが効率的・効果的かは、会社によって異なります。概ね、ボトムアップしていくことが正攻法でしょう。確かにトップダウンは早い。特にオーナー系企業でその傾向があるのも事実ですが、取引が長続きしないことが多いようです。担当者同士の意思の疎通がしっかり取ることが鍵ですが。

人は「適材適所」で花ひらく

「じんざい」には5つのタイプがあります。人財・人材・人剤・人在・人罪。みな「じんざい」と読みます。人は宝・人は財産。社員は宝・社員は財産です。8：2の法則は確かに人にも当て嵌まります。どんなに優秀な2割を集めても、自然と8：2の法則が生まれてきます。それなら「じんざい」は5段階活用すべきだと思いませんか？　同じ時代に同じ会社に勤める。これも「ご縁」ですからね。世の中、ムダな人はいません。

人財：効果効率的な思考で判断し、行動力もあり且つ早く成果を上げる。

人材：行動力があり且つ早く成果をあげる。効果効率的な思考には弱い。

人剤：オールラウンドでは無いが、得意な領域では成果をあげる。

人在：効率的効果的な思考の持ち主であるが、行動力に欠けるので成果が上がらない。

人罪：思考力弱く行動力もなく、当然、成果を上げることができない。

組織やチームに集まった人たちを見ていると、だいたいこの5つに分類できることがわかります。どんな会社を観ても、そうなのではないでしょうか？

人在・人罪を活かしていく方法は確かに難しいと思います。しかし、切り捨てる必要はありません。適材適所で考えたいと思います。営業には向いていなくても管理や技術分野には向いているとか逆もまたあると思います。同じ時代に同じ会社で出会った「ご縁」を大切にしたいと思います。解雇するより活用を考えるべきだと思います。社内・チームに不要な人はいないと考えてください。

営業としてはサッパリ。知識も教養もあって、リーダーシップにも長けているのに、なぜか営業はサッパリというF君。担当する取引先や販売チャネルの異なる別営業部門に異動させても、結果、どの営業部門でも「人在」でした。そのF君、営業部門の物流や受発注・在庫管理をする部門に異動させたら、営業の経験や営業の知識が活きて、今は立派な業務部門の管理職に変身しています。几帳面で何事もキチンとしないと気の済まない性格が活きています。

「じんざい」は5段階活用で「花ひらく」です。

幹部は「翻訳」して部下に伝えよう

会社の方針や上司の指示事項を、そっくりそのままの同じ言葉で部下に伝える営業幹部を目にすることがあります。文書をコピーして配布して終わりという幹部もいます。確かに、同じ言葉で伝えた方が正確に言葉は伝わるかもしれません。でも、私は違うように思います。伝言ゲームという遊びをしたことがありますか？10人くらいでゲームすると最初の人が言った言葉が10人目の人に伝わった段階では全く違う言葉になっていませんでしたか？

必ず、翻訳して伝えてください。言葉を伝えるというより、その方針や指示の「趣旨」を伝えるように努めて欲しいと思います。これは、取引先とのコミュニケーションも同じだと思うのです。取引先の発言よりも、その発言の趣旨を理解する。気持ちを理解すること、このことが大切ですよね。意思の疎通がチーム力強化の原点ですが、発言された言葉の本当の趣旨を理解することですよね。

難しい事だから、やさしく伝える

やたらにカタカナを多用する営業マンがいます。マーケティングの本に出てくる専門用語や業界にしか通じない専門用語を濫用する営業マンもみかけます。

とても賢そうに見えます。やさしいことでも難しく言うと、一見、賢そうには見えますが、本当は逆です。

難しいことでも、誰にでも理解できるように、かみ砕いてわかりやすく人に伝えることができる人ほど、実は本当に賢い人なのです。

特に、取引先にもあなたの会社にも年代の異なる人がたくさん居られますよね。概ね20代～60代まで。男性も女性も居られます。生まれてきた場所も、受けてきた教育も、育ってきた環境も異なります。言葉は相手に理解されてこそ意味があります。

新約聖書に「はじめに言葉があった。言葉は神であった」という一節があります。言葉は相手に理解されないと意味がありません。わかりやすく、わかりやすく、やさしく伝えるように努めてください。

明るい職場が一番いい

皆が笑顔に溢れていて、イキイキと明るい雰囲気の職場には隠し事がありません。そういう職場環境をつくっていくのは、幹部の仕事のひとつです。

でも、あなたも出社したら「おはようございます」出かけるときは元気良く「行ってきます」帰社すれば「只今、帰りました」退社するときは「お先に失礼します」と大きな声で言うようにしないと、明るい職場はつくれません。

営業偏差値の話は前述しましたが、このキチンと挨拶できることは営業偏差値の土台となる「社会人偏差値」ということなのです。

横断歩道で、お年寄りや身体の不自由な方が居たら、手をとってお手伝いするとか、電車に妊婦の方が乗ってこられれば席を譲るとか当たり前の事でしょう? これが社会人偏差値ということです。電車のホームでスマホばかり見ていると他人の邪魔になると思う他人への気配り・心配りができることも社会人偏差値です。

何をやっても暗いのはダメ。特にリーダーは明るい人がいいのです。社員をコーチィング指導し、やる気を引き出し、ぶつかってもぶつかってもあきらめないで、さあ一緒にやろう、一緒に考えようと明るく鼓舞できるのが営業のリーダーの理想です。そういうリーダーのいる職場は、組織としてチームとしてブランディングセールス体制を構築できて、必ず成果を上げていくものです。

但し、ノー天気な明るさは、「俺に付いてこい」式で組織運営する傾向にあり社員は無口になっていきますので好ましくありません。最悪なのが、いつも深刻そうな難しい顔をしていて、じっとパソコンに向かっている、出てくる言葉は愚痴ばかり。そんな営業リーダーには誰もついて行きません。

新入社員の研修が終わり、いざ本配属という段階で勤務地や配属先の希望をとると、なぜか人気が集中する事業所があります。K支社長率いる近畿支社です。新入社員は全国各地で研修しますので近畿支社で研修経験してない新入社員も多いのですが、今の若い社員の〝よこよこ〟の情報ネットワークは凄くて、各職場の雰囲気や状況は新入社員全員で情報共有しているようです。

確かに、その事業所はいつ行っても活気に溢れた職場になっています。

社員とその家族が幸せになること

強いチームにしていく鉄則の一つが「社員は会社の宝」という考え方です。会社は株主や資本家だけの所有物ではありません。社員が健康でイキイキと活躍できて初めて会社は成り立つものです。家族の居る営業社員は家族を幸せにする為には、どんなに苦しいことでも乗り切っていこうとするものです。だから、業績を伸ばしていけるのです。

社員を大切にするということは、社員を甘やかすということではありません。むしろ、鍛えていくことが社員を大切にすることだと思います。社員一人一人が成果を上げていけるようにしていくことです。生き甲斐や働き甲斐、達成感を持てるようにしていくことです。達成できたら褒めてやることです。いくつになっても褒められて嫌な人はいないと思います。それが、また〝やる気〟となり成果につながっていく。業績のスパイラルアップですね。

企業も人も「らしさ」が出るといい

会社も人も「らしさ」が大切です。人は「人格」会社は「社格」と言っても良いと思います。

でも、良い意味で「あの人らしいねぇ」「あの会社らしいねぇ」と言われないとブランディング（やっぱり、コーヒーのことならＵＣＣだね）はできません。

理念の実現に向かって自社の強みと強みを活かした事業展開、社会的使命や社会的貢献を社員全員が理解し行動していくことが大切で、この行動・活動が良い意味で伝わっていくことが、良い意味で「らしいねぇ」と拡がっていくのだと思います。社会人としての躾も大切です。

取引先との関係に於いては、担当する営業マンの日頃の真摯な態度・組織としての対応・会社としての対応が大切ですね。

会社も人も（本気・元気・勇気・陽気、且つ凜としている）そのようなことを「らしいねぇ」と言われるなら最高ですね。

変えて良いものと悪いもの

世の中は、変わっていくことが当り前です。その変化を敏感に捉え、機敏に対応してこそ、新たな成長の機会点を見つけていくこともできます。それに向かってチャレンジしていくことは大切なことだと思います。

大手流通業は益々、製造小売業化していくでしょうし、メーカーも製造小売業を志向していかなくてはならなくなってきています。

でも、変化に対応することと変化に流されることは違います。自分を失ってまで「変化に流される」必要はないと思います。また、変化に対応していくだけの生き方をするくらいなら、むしろ、自分で変化を創り出す、変化を起こすくらいの気概を持ってほしいと思います。

世の中、どんなに変わっていこうと「変えて良いものと、変えてはならないもの」があります。変化への対応と称して、目先のセールスの為に商品のリニューアルなどを小手先で行うことは、絶対に避けるべきです。

Column

ちょっとコーヒーブレイク⑦

コーヒーは本当にカラダに良い？

コーヒーの主成分にはカフェインやクロロゲン酸、トリゴネリンという独特の成分がありま す。中世アラビアではイスラム僧侶の眠気覚ましとして利用されていたコーヒー。意外に知られていないようですが、コーヒーはもともと「薬」として登場してきた飲み物です。現代の科学はコーヒーがカラダに良いというさまざまな効果を解明しています。最も大切なことは〝美味しい〟と感じること、感じて飲むことかもしれません。自分自身で見つけた美味しいコーヒーなら、なおのこと効き目ありそうですね。ただ、空腹時には胃壁をガードする効果のある動物性のクリームを加えたり、カフェオレにして楽しむのも良いでしょう。油分の比較的少ない菓子などと一緒に楽しまれるのも良いでしょう。

何事も過ぎたるは及ばざるが如しです。1日3杯が一つの目安でしょう。

第7章　皆さんに伝えたいこと

会社も、人も、商品もみんな人気商売なのです

会社も商品も営業社員も営業幹部も、みんな人気商売です。

営業は多くの人に出会え、多くの人と人生の〝その時〟を共有できる仕事です。営業は人を見極める力が付く仕事です。出会いも多いし、いろんな人生と触れ合い、一緒に仕事ができるのです。こんなに楽しいことはありません。せっかくなら、人気者になりましょう。でもそれは、他人の言いなりになることではありませんよね。

ブランディングセールスは（○○なら、○○会社が良いね）と取引先に思って頂ける営業をするということですよね。その為に取引先の現場で成長の機会点を見つけ、自社の強み・機能を活かした取引先成長の提案を行い、協働して取り組むことで取引先のセールスを上げていく。結果、自社の業績を向上させていくということでしたよね。だから、今月だけの数字を追わない。今月だけのノルマは

追わない。少なくとも３ヶ月先以上の数字になる仕事をしていく。ということですよね。

どうか、今月の予算やノルマだけに苦しむ営業スタイルから抜け出して下さい。

営業という仕事をもっともっと楽しんで下さい。

会社のＴＯＰも部門のＴＯＰも、後継者育成が最も重要な仕事です。とても難しい仕事です。特に、営業部門では、会社の財産である「取引先の人のつながり」を、どう継承していくか、ここに最も苦労します。正直、人のつながりを継承していくことは、ほぼ不可能です。人が変われば関係も変わります。ただ、営業部門では、ブランディングセールスの考え方や習慣や行動が継承していければ、自ずと新たな「人と人のつながり」が形成されていきます。

問題・課題を「成長の機会点」と考える

ここができていない。あそこもできていない。ここが問題、あそこも問題。これが課題、あれも課題。この言葉は「耳タコ」くらいによく言われていると思います。あなたも上司からいつも言われていませんか？　そんな時に、あなたはただうつむくしかないですよね。本当に凹みますよね。今からやろうと思っていたのに～～で済ませるような雰囲気はありませんよね。こういう時は、むしろピリピリした雰囲気が普通ですから・・・たまりませんね。

どちらにしても、「やる気」は起こりませんよね。「よし！　やろう」という気にはなりませんよね。問題点とか課題ということは「できていないこと」「たりないこと」「ダメなこと」をあげつらっているので、当たり前の話です。やる気にはなれません。子供の頃、夏休みはワクワクして待ち遠しかったですが終業式の日は苦痛でした。通信簿を親に見せないといけないので。優秀な方には経験無いでしょうが、子供ながらに結構なストレスでした。

社員が「よし！やろう！」という気にならないと、営業の成果は期待できません。意気消沈した状態で取引先に行って元気よくガンガン仕事はできませんよ。どうして、こうもマイナス思考になるような表現・捉え方をするのでしょうか？同じ事象をとらえても、それを問題・課題と考えるか、「だから、成長の機会点」と捉えて「ここをこうするとセールスを伸ばせる」とか「ここをこう組み替えると客数が伸ばせる」と考えた方が健康的だと思いませんか？ブランディングセールスを実践していくときに「現場で発見する機会点」を共有することが基本になりますが、この時に、問題点・課題と捉えてしまうと、そこから発想するアイデアがネガティブなものになりがちです。あなたが慣れている「問題・課題」はブランディングセールスでは邪魔な存在なのです。

取引先の現場で「ここができてない」「あそこができてない」と観るのではなく「ここをこうするとセールスを○○くらい伸ばせる」「客数○○人も伸ばせる」「収益を１％伸ばせる」という「数値化」をするようにして観てください。

松・竹・梅から「桜・松・竹・梅・蓮花《レンゲ》」へ

昔ながらの食堂や寿司屋などに行くとメニューに「松・竹・梅」というランクが書いていています。最近は見ませんかねぇ？　これは、品質価値と価格を表示したもので松は豪華で価格は高い、梅は質素で安い。竹は品質価値も価格も普通ということをわかりやすく表示したものです。

経済がデフレ傾向になっていくと、品質価値で梅の下に新たな市場ができてきます。それを「蓮花（はすのはな）」と仮に付けておきましょう。以前はプライベートブランドの主戦場でした。ものには形がある以上、絶対に下げられない限界があります。この一線を越えてしまう。売っている会社も超薄利でしょうが、造っている会社は原価割れでマイナス収益ということが起こります。だから仏様の〝はすのはな〟なのです。私のこじつけ言葉ですので許してくださいね。

日本の人口減少や少子高齢化は間違いなく市場の規模を小さくしていきます。日本の高度成長は３０００万人の人口が増え胃袋を増やしていったことが成長の要因でした。それが減少、しかも高齢化ですから市場のパイは小さくなって当たり前です。だけど、女性の社会進出や外国人労働者の増加は新しい市場を創っていきますからチャンスと言えます。大都市集中・一人世帯の増、地方の過疎化も新しいビジネスや新しい市場を創っていけるチャンスでもあります。

例えば、高齢化と言いますが、確かに「量」は少なくなりますが良いものを求めますので、品質価値の縦軸で「松」の上に更に「桜」市場が出てきます。なぜ「桜」なのかと言うと日本を代表する花だから・・すいません。これも私のこじつけ言葉ですので許してください。

確かに、マーケットは大きく変わっていきます。今でも「蓮花」だけでなく「桜」という新しい動きがあるじゃないですか。その変化の中で「だめだ、だめだ」とネガティブにだけ考えず、こういう変化はチャンスだ！と考えることです。ブランディングセールスでネガティブ発想をしても成果を得ることはできません。

人口減でも少子高齢化でも「チャンス！」なのです。

私の歩みは「波瀾万丈」でした…（結びに）

私は、九州の炭鉱町・筑豊に生まれ、北九州の若松で育ちました。綺麗な言い方をすると威勢のよいエリアで生まれ育ちました。リーダーシップはあったようで、学級委員や生徒会などにも選ばれていました。学校を代表する健康優良児の大会にも出るような健康が取り柄の少年でした。そこで高校卒業まで過ごしました。

高校卒業後は、一年浪人するも夢破れ、望む大学には進めませんでしたが、大学では少林寺拳法に熱中していました。「1つの音楽、1つの武道、1つの語学ができれば人生は楽しい」という立川談志師匠の言葉がきっかけでした。武道なら、自分にもできるかもしれないと思い、少林寺拳法の門を叩きました。妻と知り合ったのも、その頃です。少林寺拳法には夢中になっていました。「人、人、人、全ては人の質にある」「力の伴わざる正義は無力なり、正義の伴わざる力は暴力なり」宋道臣管長先生のお言葉です。「道は天より生じ、その道を失すれば・・・」という道訓は今でも唱えることができます。有段者になって大学にも少林寺拳法部を創り、町の道院（いわゆる道場）と大学拳法部とを掛け持ちして、1年365日、少林寺拳法漬けの4年間を過ごしました。

大学卒業後は、高校の教師になることが夢でした。教職課程は修了したものの、1976年はオイルショックの影響で公務員採用ゼロの時代です。そんな時、たまたま新聞で見たのがUCCの現地営業社員募集の広告でした。面接いただいた地区の営業責任者から「もったいないから」と本社採用にすることを掛け合っていただき、試験も受けず入社できたのは、不思議なご縁としか言いようがありません。入社番号は176番。その年のUCCの新入社員は176名ですので最後の最後の番号です。おまけ入社ですね。

広島での研修を終え配属されたのが神戸支店。喫茶店にルート営業する仕事です。嫌でしたね。喫茶店の裏口から「毎度！」と入っていくのですが、血の気の多い若いバーテンダー達の高飛車な態度。少林寺拳法で身についた〝睨み〟は効きました。新入社員でしたが新規開拓セールスが得意で獲得キャンペーンはいつも支店でNO・1でした。今と違って全寮制です。寮と職場が隣接していて、たっぷり仕事ができる環境でした。

神戸支店1年半勤務で本社の企画部に異動。まだまだ家庭ではインスタントコーヒー全盛の時代、私に与えられた仕事は家庭にレギュラーコーヒーを普及・啓蒙していくこと。全国にコーヒー販売小売店の販売網を組織化したり、団地や職域でコーヒー教室をしたり、全国を元気に飛び回っていました。

紙コップにインスタントコーヒーを入れたカップコーヒー、あれは私が作った商品です。入社3年目くらいだったでしょうか。こういうものがあったらいいのになあと、上司にアイデアを出したら、やってみろと…。自ら望めば何事にもチャレンジできる・させる会社でした。神戸は10年足らずの勤務で東京にある関東支社に異動。神戸のスーパーでは「よいものを、どんどん安く」と言いますが、東京のスーパーでは「良質廉価」と言います。同じ意味でも表現が違う。ある意味、カルチャーショックでしたね。関東支社では店頭マーケティングに注力し、主婦が量販店をフォローする「フィールドレディ」を組織化したり、労働組合の前身の組織で役員をしたり、東京の広さ大きさを存分に楽しんでいました。

その後、古巣の神戸本社のマーケティング本部・営業本部・生産本部が東京に移転することになり、気がつけば、また営業本部勤務。やっと関西弁が直りかけていたのも束の間、また関西弁に逆戻り。

それからは、いろいろな仕事をさせて頂きました。営業企画をはじめ、商品開発や広告宣伝。自分で商品を開発して、自分で広告を考えて、自分で売り方まで考える飲料分野のプロダクトマネージャー。缶コーヒーブラック無糖の開発を手掛け、缶コーヒーの新たな需要を創造したり、アメリカのＪＯＬＴコーラと提携してコーラ市場に挑戦！したのもこの頃です。

その後、紆余曲折を経て、大阪の近畿支社へ。その時に全国3代理店の1社であるＴ社の大型倒産、ＰＬ黒字の倒産でしたが、当社の被害額は二桁の億。よく踏ん張ったと思います。

また東京に戻り、新設のグルメコーヒー事業部長に。高付加価値コーヒーの製造から販売に至る一貫した仕組みをつくり、直営店舗も手掛けました。しかし、懲りすぎて店舗は赤字。焦燥感の中、今度はまた新設のＰＢ受託事業部門を担当。その後は飲料・乳業メーカーへの工業用原料の販売やコーヒーロースターや自家焙煎店に生豆を販売する特販事業本部長を務めながら韓国ＵＣＣのＣＥＯも兼務。韓国では事業基盤の再構築に注力し、日本と韓国を行ったり来たりの生活でした。耳が良いのかハングルは耳で覚えました。が、読めない・書けないということが悔しくて、帰国後に新宿にある夜学の韓国語学校に通い、読めて書けるようになりました。韓国では事業基盤を再構築し、韓国新幹線開業時にはワゴン販売も手掛けることができました。

２００５年、役員に就任し特販事業本部と広域営業本部を合体させた〝新〟広域営業本部長に。気がついたら、会社の中で経験しなかった仕事は財務だけということになっていました。ここの部門がシンドイから行ってこい、こんな事業を立ち上げるからやれと言われればそれをやり、最後は全ての営業部門を取りまとめる営業統括本部長、というわけです。新規事業や新商品開発など「新たに立ち上げる」仕事か問題・課題のある部門を「再生・再構築する」仕事、この２つの仕事の繰り返しでした。いずれも、順風満帆の仕事は一つもなく、常にアゲインストの風に向かっていったように思います。私は、前任者から引継を受けたのは新入社員の時だけです。商品開発や広告宣伝も営業部門を担当しても前任者からの引継を受けた経験はありません。前任者の流れを受けて仕事をしたことがありません。いつも、自分の肌感覚で作り上げてきたことばかりです。そして、いつも

「救いの神」が現れてくれました。

私は「シンドイ、もうダメだ」と思うことはあまりないのですが、シンドイと思った時には必ず「救いの神」が現れてくれます。当時のマクドナルド会長兼社長兼CEOの原田泳幸さんも、そのお一人です。マクドナルドとの取引が無くなるかもしれない危機の時の出会いでした。「もうダメだ」と初めて思い覚悟した夜、営業部長のK君と赤坂で「ぐでんぐでん」になるまで飲みました。でも、次の日は、「負けてたまるか」と気持ちは前に向いていました。

私は失敗も多く、決して素晴らしい功績を残したわけではありません。模範社員なんてとんでもない。私は自分自身が納得できないことには体が動かないのです。

私は夜に仕事をするのは大嫌いです。夕方の6時以降会社にいたことはありません。6時過ぎたら、杉本を探すのは難しいことでも有名でした。まっすぐ家に帰ることもあるし、友人が多いので街に繰り出すこともあります。でも私は、お酒は得意ではありませんし、第一、夜型人間ではありません。朝型人間なので、いつも朝5時40分には出社しパソコンを立ち上げていました。掃除のおばちゃん達とは大の仲良しでした。通常は9時―6時勤務ですが、始業前には自分の仕事は全て処理して、いつ何があっても動けるようにしていました。

私は本当に良き多くの上司・多くの諸先輩・多くの同僚・多くの後輩達に恵まれました。本当に有難うございました。

良い取引先にも恵まれました。営業をやっていて良い出会いをたくさんいただきました。つくづく、人に恵まれ、人に助けられた人生です。

そういう方々との出会いが私の財産です。元マクドナルドCEOの原田泳幸さん、モスフードの櫻田会長、光新星の谷村会長、私が兄貴分として慕う方々です。サークルKさまの海外研修でいつも一緒だったメンバー（飲料・乳業メーカーの営業幹部）も半数がリタイアしていますが、今でも1年に1度のゴルフを楽しんでいます。

皆さん、営業という仕事を存分に楽しんで下さい。人は幸せになる為に生まれてきたのだと思います。今月の予算やノルマを何とかしようと、その一点だけに心を奪われていたら苦しいだけです。凹んでばかりになってしまいます。

営業はテクニックではありません。考え方と習慣、行動を「取引先の現場から成長の機会点を発見して、自社の持つ強みや機能・自社の持てる力をフルに活かして、取引先と協働で着実に確実に、且つスピード感をもって取り組んでいくことで取引先のセールスを上げていく。結果、あなたもあなたの会社もセールスが上がる」という「ブランディングセールス」に、あなたの考え方、習慣、行動を変えていって、成果の上がる・結果の出せる残せる営業マンになって欲しいと思います。

マーケティングを担当していた頃、「論理」や「理屈」ばかりを追求していたこともありました。でも、最後は人への思いやりと感謝する心です。

どうか、イキイキとした素敵な人生を！

２０１７年夏　　杉本　譲

平成出版 について

本書を発行した平成出版は、基本的な出版ポリシーとして、自分の主張を知ってもらいたい人々、世の中の新しい動きに注目する人々、起業家や新ジャンルに挑戦する経営者、専門家、クリエイターの皆さまの味方でありたいと願っています。

代表・須田早は、あらゆる出版に関する職務（編集、営業、広告、総務、財務、印刷管理、経営、ライター、フリー編集者、カメラマン、プロデューサーなど）を経験してきました。そして、従来の出版の殻を打ち破ることが、未来の日本の繁栄につながると信じています。

志のある人を、広く世の中に知らしめるように、商業出版として新しい出版方式を実践しつつ「読者が求める本」を提供していきます。出版について、知りたい事やわからない事がありましたら、お気軽にメールをお寄せください。

book@syuppan.jp　平成出版　編集部一同

ISBN978-4-434-23877-2　C0034

元ＵＣＣ副社長が教える！
営業の極意
凹《へこ》んだときに読みたい！
― 行動、習慣、ブランディングセールス ―

平成29年（2017）10月 1日　第１刷発行　（コーヒーの日）
令和４年（2022）２月17日　第２刷発行

著　者　杉本　譲
発行人　須田　早
発　行　平成出版 G 株式会社
〒104-0061　東京都中央区銀座７丁目13番５号
ＮＲＥＧ銀座ビル１Ｆ
経営サポート部／東京都港区赤坂８丁目
TEL 03-3408-8300　FAX 03-3746-1588
平成出版ホームページ https://syuppan.jp
BOOKSTATION　ホームページ https://bookstation.jp
メール: book@syuppan.jp

発　売　株式会社 星雲社
〒112-0005　東京都文京区水道1-3-30
TEL 03-3868-3275　FAX 03-3868-6588

編集協力／安田京祐、近藤里実
本文DTP／小山弘子
印刷／㈱ウイル・コーポレーション